いい女は知っている。
たった一人の男が
死ぬほどみだらで
いる幸せも。

中谷彰宏

あきひろ

この本は、3人のために書きました。

①色気のある、いい女になりたい人。

②色気のある、いい男になりたい人。

③いまの生き方を脱却して、冒険の人生を選択したい人。

プロローグ

# 01

# 色気は、陰を背負い、陽を胸に抱くことで生まれる。

色気をつけるのは、その人の生き方です。

色気は、外からつけることはできません。

外に貼ったり、つけたり、塗ったりすることではつきません。

**楽しいことばかりしても、色気は生まれません。**

**つらいこともすることで、色気は生まれます。**

かといって、「今日も会社でイヤなことがあったの。聞いてよ」というところから始まると、色気は生まれないのです。

色気とは、体験したつらいことを背中に背負い、前には微笑みを絶やさない時に生まれます。

これは男性も女性も同じです。

映画の中で、高倉健さんも、いしだあゆみさんも、倍賞千恵子さんも、みんなつらいことはあっても、顔ではにっこり笑っています。

「つらいことは何もありませーん。ハッピーでーす」というタイプは色気がありません。

つらいことがないのは、チャレンジしないからです。

「年収２００万円でもいいじゃん。無料アプリで食べていけるし」と言うのです。

つらいことがあった時に、「つらい、つらい」と、ＳＮＳに書き散らすタイプも色気がありません。

誰かうまくいった人がいると、その人を集中攻撃するのです。

これは、つらいことを前に出しています。

色気は、陰を背負い、陽を胸に抱くことで出てきます。

まずは、つらいことをしていないとダメなのです。

普通に生きてチャレンジしていれば、つらいことだらけです。

自分につらいことが起こっているから色気が出ないのではありません。

同じようにつらいことが起こっていても、それが色気になる人もいれば、幸薄感《さちうす》になる人もいます。

つらいことを前面に出してくると、幸薄感になります。

つらいことをうしろに背負って、前はニコニコしている人に、色気が生まれるのです。

色気が生まれる習慣

# 01

# ムッとした話をしない。

# 色気が生まれる63の習慣

01 □ムッとした話をしない。
02 □オシャレな人のいる場所で、はしゃがない。
03 □彼にも言えない話をしよう。
04 □連れていってもらう場所を、指定しない。
05 □まず、いい男の話を聞こう。
06 □より面白いものに、乗りかえよう。
07 □することに、意味を求めない。
08 □のめり込んだり、のめり込まれたりしよう。
09 □好きな食べ物を聞かれたら、単品で答えよう。
10 □自分と違う世界の男と、つきあおう。
11 □上流の語彙《ごい》を増やそう。

12 □ 玉の輿《こし》より、努力して生まれ変わろう。
13 □ 先生と呼べる男とつきあおう。
14 □ 明日はもっとよくなるために、工夫しよう。
15 □ 自分を成長させる男を選ぼう。
16 □ 全部を聞いてもらおうとしない。
17 □ ほかの人とは違う名前で、呼ばれよう。
18 □「知らない自分」を教えてくれる男とつきあおう。
19 □ 取り分けで得点しようとしない。
20 □ 魅力を、工夫しよう。
21 □ 肉食系で、ガツガツしていない男とつきあおう。
22 □ 誘われるからと勘違いしない。
23 □ ありきたりな答えをしない。
24 □ 上がいる世界に行こう。
25 □ 勝てない相手に出会おう。

26□1番より、特別を目指そう。
27□最下位から、はい上がろう。
28□恋愛市場で高くなろう。
29□一生を考えると、5年は短いと考えよう。
30□離婚問題は、弁護士を入れて、ストレスを除去する。
31□相手に迷惑をかけない。
32□「何を」ではなく、「誰から」で選ぼう。
33□発酵するのを待とう。
34□自分から連絡のタイミングをつくる。
35□できないことに、トライしよう。
36□今夜は、それをやってみよう。
37□もっと高い快感を求めよう。
38□恋愛に、「普通」を持ち込まない。
39□みんなと同じことをしない。

40 □ 遠慮する男と、かかわらない。
41 □ ドン引きされても、諦《あきら》めない。
42 □ 出会った瞬間から、誘惑しよう。
43 □ してもいいレベルの男と、つきあわない。
44 □ 明るいエッチになろう。
45 □ 勉強しよう。
46 □ 常識を持って、常識の外に行こう。
47 □ キスを盗んでくれる男と、つきあおう。
48 □ 自分から力づくでも、手に入れよう。
49 □ 心と体の健康のために、セックスしよう。
50 □ 性交ではなく、情交をしよう。
51 □ オスにもなれる男と、つきあおう。
52 □ 言いわけをしないで抱いてくれる男と、つきあおう。
53 □ 彼から、セックスを学ぼう。

54 □ 夢と現実の区別のない男と、つきあおう。
55 □ セックスを予感させる男と、つきあおう。
56 □ 快楽をごまかさない。
57 □ 英雄とつきあおう。
58 □ 生きる胃袋の大きい男と、つきあおう。
59 □ ビジュアルにこだわろう。
60 □ キスを大切にする男と、つきあおう。
61 □ イヤらしくなく、触れる男とつきあおう。
62 □ 触らない前戯をしよう。
63 □ たった1人にみだらになろう。

目次



# 第1章 自分の知らない世界に、行こう。

# 第2章 言葉で、生まれ変わろう。

第3章
# 競争から、解放されよう。

# 第4章 考えるより、感じて生きよう。

## 第5章 正解よりも、自分を優先する。

# 第6章 会話も勉強も、楽しもう。

# 第7章 色気のある男と、つきあおう。

# いい女は「涙を背に流し、微笑みを抱く男」とつきあう。

――色気が生まれる63の習慣

# 第 1 章

# 自分の知らない世界に、行こう。

# 02

# オシャレなお店より、オシャレな人がいるお店に連れていく男とつきあう。

いい女は、いい男を選びます。

残念な女は、残念な男を選びます。

残念な男は、女性を食事に連れていく時にオシャレなお店を選んで、「このインテリアは……」「この料理は……」と、ウンチクを語ります。

まわりを見ると、雑誌で調べてきたダサい客ばかりです。

オシャレなお店のランキングは、すでにネットに出ています。

1位のお店は、もはやオシャレではなくなります。

ネットを見て観光客が押し寄せるからです。

それは自力で見つけた店ではありません。

**オシャレなお店に連れていくのが残念な男です。**

**オシャレなお店を喜ぶのが残念な女です。**

いい男は、オシャレな人が集まる店に連れていきます。

それが本当のオシャレな店です。

それを喜べるのが、いい女です。

オシャレな店ランキング1位の店には、オシャレな人は集まりません。

観光客が手に手に雑誌を持っています。

ブログに載せるための写真も撮りまくりです。

オシャレな人が集まっている店には、写真を撮っている人はいません。

オシャレな人たちにとっては、オシャレなお店は、ふだんの日常です。

目に焼きつけているので、写真を撮る必要がないのです。

お店に限らず、オシャレな場所へ、オシャレな場所へと立ちまわるのは、海外旅行のお決まりのバスツアーのようなものです。

最後は提携先のキックバックのある土産物屋《みやげものや》に連れていかれます。
残念な男は、修学旅行で木刀を買う高校生から進化していないのです。

色気が生まれる習慣

## 02

## オシャレな人のいる場所で、はしゃがない。

# 03

# 「彼にも言えない話」を話したくなる男とつきあう。

彼がいても、彼に言えない話はあります。

彼にも言えないような話を、長年つきあっている男性ではなく、初対面の男性に言える。それが、ワンランク上がっていくということです。

いい男とは、「彼に言えないような話を初対面なのに言ってしまえる男」です。

「だって私、彼いるし、そんなこと話しちゃいけません」と言うのは、残念な女です。

結局、彼が「現状維持」という低下をしていく時に、一緒にそれにつきあいます。

「今、彼がいるのに、なんかトキメキがない」というのは当然です。

惰性《だせい》でつきあっていて、お互いに進歩がないからです。

彼にも言えない話があっても、その吐《は》け口がありません。

残念な女は、それを女子会に持っていきます。

女子会は、グチの言い合いと芸能界の話になります。

芸能界は疑似体験の世界です。あれほど「好きだ、好きだ」と言っていた男性芸能人が不倫をしていたとわかった瞬間に、「最低！」と文句を言います。

こういう話題でみんなでワッと盛り上がるというのが、夜な夜なレストランで繰り返されているのです。

この女子会が、残念なレストランの経営を支えています。

残念なレストランには、「女子会パック」というプランがあります。

「女子会パック」をつくると儲《もう》かりますが、お店の雰囲気は悪くなります。

それによって、オシャレな人がそのお店に来なくなるのです。

色気が生まれる習慣

# 03

## 彼にも言えない話をしよう。

# 04

# いい女は「どこかに連れてって」と言いたい男とつきあう。

残念な女は、恋人に「○○に連れてって」と言います。

場所の指定があるのです。

それでは、自分の知っているところしか行けません。

いい女は「どこかに連れてって」と言います。

大切なのは、「どこかに」と言うところです。

**いい女は、どこに行こうが文句を言いません。**

どこに行っても楽しめるからです。

ところが、残念な女は「○○って言ったのに、なんでこんなところ?」と文句を言います。

自分が指定した場所に行っても、満たされただけです。

時には、どこかに連れていっても「え、これじゃなかった」と満足しないこともあります。

いい女の「どこかに」は、「どこでもいいから連れてって」という意味です。

これは、完全に相手に身をゆだねています。

一緒に冒険ができるということです。

一緒に電車に乗って田舎に行って、「今日はもう電車が来ないかもしれない」「旅館があるかどうかもわからない」という駅で、ポンと降りられる覚悟があるということです。

「どこかに連れてって」は、誰にでも言えることではありません。

そう言いたくなるような、いい男とつきあえばいいのです。

残念な男には、「この男のレベルでは、どうせ残念なところしか連れていってくれないだろうな」と、心配で言えません。

いい男に「○○に連れてって」と言うのは損です。

たとえ行ったことがなくても、自分の頭で浮かぶところしか連れていってもらえません。

残念な女がいい男とつきあうと、つい自分の貧しい知識の範囲の中で知っている場所を指定してしまいます。

それは残念な男に言えばいいのです。

残念な男はノーアイデアなので、女性に言われたことをちゃんとします。

いい男は、場所を指定されると、「そういうのは残念な男に言え。自分の使い方がヘタだ」と、つきあってもらえなくなるのです。

色気が生まれる習慣

# 04
## 連れていってもらう場所を、指定しない。

05

# いい女は、質問する前に、いい男の話を聞く。

先生に質問するのは損です。

いい女は、質問をしません。

「あなたは質問しないですよね。ほかの人はみんな質問するのに」と言われるほどです。

先生が一番大切な根っこのことから話そうとしているのに、枝葉のことを聞いていたら、根っこが聞けません。

先生が相談を受ける場合も、一番大切な根っこのことを言おうとしているのに、枝葉の質問ばかりする人がいるのです。

「黙って聞いてくれたら、もっと大切な、すべての問題が解決するようなことを言ってあげるのに、なんで枝葉末節のことばかり質問するんだろう」と残念です。

セミナーでも、手を挙げて質問ばかりする人は損をしています。

**教育とは、先生に生徒が「どこかに連れてって」と言うことです。**

残念な生徒は、「東大に入れるようにしてください」と言います。

その生徒にとって、東大が必ずしも一番いいとは限りません。

海外の大学の数学科のほうがいい可能性もあります。

生徒の言う進学先は、自分の知識の範囲内でしか言えません。

生徒に合う進学先は、先生のほうが知っています。

進学先は、先生にお任せしたほうが得なのです。

質問ばかりする女性も損をしています。

いい男の話を聞いていれば、もっと楽しい会話ができるのです。

恋人を先生にできるかどうかが、いい女と残念な女との分かれ目です。

いい女は、いい男とつきあい、いい男を先生にできます。

先生に対して学ぶことと、通販との区別がきちんとついているということです。
通販は自分の頼んだものを買えます。
通販は、自分の知らないものは買えません。
**先生といい男は、通販と違って自分の知らないものを与えてくれるのです。**

色気が生まれる習慣

# 05

# まず、いい男の話を聞こう。

# 06

# いい女は、「予定通り」にこだわらない。

いい男は突然予定を変更します。

事前に「今日は○○に行く」と決めていても、です。

「Aの店に行こうと思って予約していたけど、今、通りで見かけたBの店、初めてだけど入ってみようか」と提案されて、「エッ、私はAの店に行きたかったのに」と言う人は、チャンスを逃しています。

ここで、いい女はすぐ「面白そう。行きたい」と言えるのです。

残念な女は、Aの店の料理を食べる口になっています。

いい男は、Aの店よりもBの店のほうがもっと面白そうだと思ったから変えているのに、その提案に乗れないのです。

予定通りに進めてほしいからです。

そういう人は、今まで予定変更のない残念な男とつきあってきたのです。

たとえば、本をつくる時に、事前にタイトルが決まっていました。

本をつくる過程において、もっと面白いタイトルが見つかりました。

その時に、事前に決まったタイトルを変更しませんでした。

これが、残念な女の生き方です。

より面白いものが見つかったら節操なく乗りかえていけるのが、いい女です。

講演は、事前にタイトルが決められています。

当日、私がタイトルと違う話をすると、講演を聞いた人から「タイトルと違う」というクレームが出ることがあります。

私は、その時点で、より大切だ思うことを話したのです。

事前に決められたタイトルでいいなら、ラクです。

ただ、講演を聞く人は損をします。

魚河岸《うおがし》に行って、いいネタがあったからそれを仕入れたのに、「いや、事前の写真通りのものをお願いします」と言われるようなものです。
クレームにビクついて、「予定通りの講演内容でお願いします」と言う主催者もいます。

**生徒の知らないことを教えるのが、先生の役目です。**

先生と生徒の関係において、先生の与えたいものは、生徒にはわかりません。
教えてほしいことを先生に指名する生徒は、損をしているのです。

色気が生まれる習慣

# 06 より面白いものに、乗りかえよう。

# 07

# 「なんでするの」ではなく、「なんでしないの」。

残念な女は、「なんでするの？」と言います。

いい女は、「なんでしないの？」と言います。

**残念な女は、あらゆる行動に理由を求めます。**

**いい女は、行動することには理由を求めません。**

ただし、しないことには、「○○だからしない」という理由を求めます。

行動自体には、理由も目的もいらないのです。

これが、いい女と残念な女との違いです。

「それをするのはどういう意味がありますか」と言うなら、残念な男とつきあったほうがいいです。

その行動によって手に入るものは、事前にはわからないからです。

「ディズニーランドに行こう」と言うと、残念な女は「何に乗るんですか」「そのあとどうするんですか」と聞きます。

それは、混み具合もあるし、行ってみないとわかりません。

「行く」という今の気持ちが大切であって、そのあとのことはまだ考えなくていいのです。

これが今を生きるということなのです。

色気が生まれる習慣

## 07

## することに、意味を求めない。

# 08

# いい女は、のめり込んだり、のめり込まれたりする。

「恋愛にのめり込んだら、大変なことになるでしょう」と言う人がいます。

いい女は、のめり込んだり、のめり込まれたりしても、まったく平気です。

それを人生の楽しみにしています。

仕事にも、のめり込んだり、のめり込まれます。

のめり込むということが、集中するということなのです。

残念な女は、のめり込むことも、のめり込まれることも怖いと恐れています。

今までの人生の中で、好きな仕事、好きな趣味、好きな勉強にのめり込んだことがないからです。

どんなことも、のめり込んでいかないと味わえません。

たしかに、恋愛にのめり込むのは怖いです。

**恋愛に限らず、何か好きな世界にのめり込む時は、自分を捨ててそれに賭けます。**

先生は、人生を投げうって、それにのめり込んだ人なのです。

本を書いているのは、いろいろな専門家です。

まっとうな人生を棒に振って、それにのめり込んだ人です。

だからこそ、その本は面白いのです。

普通ではなく、アブノーマルだからこそ、たどり着ける世界があります。

本を読むと、アブノーマルな人がどんな世界を見たのかを、追体験して垣間《かいま》見ることができます。

「中谷さんの意見は間違っている」

と言う人もいます。

私の意見は極論なので、間違っています。

私が人生を棒に振ってのめり込んできた世界を、今シェアしているのです。

私は、ひと言も「これが正しい」とは言っていません。

「こんな世界もあるので、興味のある方は来てもらえばいいですけど、大変ですよ」と言っているだけです。

「こうすべき」ということではありません。ド真ん中ではなく、端の端を行っているのです。地の果てへ行く冒険をしているのです。

通常はみんな安全なド真ん中に住んでいる時に、

「地の果てはどうなっているの？」

「海の向こうはどうなっているの？」

ということを知るために本があるのです。

「中谷さんは正しい」と言われたら、むしろおかしいのです。

「正しい」と言うのも違います。

「正しい」は真ん中のことです。

私の話は極論です。

正しい世界に生きているのに、正しい話を聞いても面白くありません。

みんな正しいのです。

「こんな地の果ての正しさもある」となると、その人のキャパが一気に広がります。

いい女は、

「そういうのもありなんだな」

と、認めるキャパの広さがあるのです。

西荻窪の十割そばの名店「鞍馬」のご主人、吹田《すいた》政巳さんに、「死ぬ前に最後に食べたいお寿司のネタ3つは何ですか」と聞くと、

「まず私、イカ、いかせていただきます」

「次は何にしますか」

「繰り返していいですか」

「またイカいきますか。イカ、イカと来て、最後は何にしますか」

「イカで締《し》めていいですか」

と、3種類のネタを選ばずに、すべてイカと答えました。

この選択肢は想像を超えていました。

さすが食の達人です。

これも正しいのです。
ここで3つに分散させる必要はありません。
大好きなネタなら、1種類で悔いなしです。
いろいろな人に出会うことは、
「そんな答えは想像できなかった」
という答えにめぐり合う快感があるのです。

色気が生まれる習慣

# 08

# のめり込んだり、のめり込まれたりしよう。

# 09

# 「好きな食べ物は？」と聞かれて、「和食」と答えない。

残念な女は、「好きな食べ物は何？」と聞かれると、「和食」と答えます。

これでは会話が弾《はず》みません。

この時、いい女は「お寿司」と言えます。

「和食」と「お寿司」とでは、その後の会話の展開が違います。

「和食」にはハンバーグも含まれます。

日本の喫茶店でも、メニューにハンバーグがあります。

ハンバーグは、フレンチではありません。

フレンチの三ツ星レストランに行って「ハンバーグ」と注文すると、「あれは洋食だろう」と怒られます。

「お寿司」と答えた時に、残念な男は、「青山にいいお店があるから、今度連れていってあげる」と言います。店の場所の説明が始まるのです。

いい男は、

「お寿司のネタは何が好き？」

「イカ」

「いいねぇ、赤酢でシャリ小さめで、ちょっと上に切れ目が入っていて、モンゴルの岩塩で、すだちをギュッとかけて。行きますか」

と、場所の説明は1つもしません。

この説明を聞いた女性は、イカを思い浮かべて、よだれがたまって、「今ここでつくってほしい！」という気持ちになります。

残念な男は、「2つ目の信号、左」と、交番で道を聞いているような教え方をするのです。

場所の説明は、「あなた1人で行ってください」と言われているようなものです。

「寿司↓イカ↓おいしい食べ方」と想像力を働かせるのが、今に生きるということです。

好きな食べ物を聞いた時、「麺類」と答えた女性がいました。

「麺類の中では何？」

と聞くと、

「盛岡冷麺」

と、答えました。

私は、「それなら最初から盛岡冷麺と言おう」とアドバイスしました。

「麺類」から「盛岡冷麺」は、すぐには想像がつきません。

「麺類」と言えば、おそば屋さんやラーメン屋さんに連れていかれる可能性がありま す。

「盛岡冷麺」から、

「盛岡冷麺は辛さの段階が1から6まであるんです。1が辛い。ここから始まる店が あるけど、どうします？」

「レベル6をいかせてもらいます」

「そのお店の冷麺は、目にしみるんだよね。調子いい時でないと、店に入るだけでおなか痛くなるぐらい」

という展開になると、盛り上がります。

会話をしながら、頭の中では盛岡冷麺のお店に入っている状態になれるのです。

女子プロボウラーで、去年の記録や今年の抱負が書いてある『プロボウラーズ年鑑』があります。

そこには、好きな食べ物の欄もあります。

書いてあるのは、ほぼ「焼き肉」と「スイーツ」の2通りです。

その中で、ワールドカップで優勝している板倉奈智美プロが書いたのは「焼きそば定食」でした。

普通、「焼きそば」だけでもとんがっています。

「焼きそば定食」と書いてあると、

「焼きそばに、ごはん、おみそ汁、漬物をつけて」

というオーダーを想像してしまいます。

「好きな食べ物は?」と聞かれて、「焼きそば定食」と答えられる人が、今を生きる、いい女なのです。

色気が生まれる習慣

# 09 好きな食べ物を聞かれたら、単品で答えよう。

## 10

# いい女は、自分と違う世界を知っている男と、つきあいたい。

いい女は、自分と違う考えの人とつきあえます。

自分と違う考えに接して、「なんだろう、これ」という感じを味わえるのです。

たしかに、自分と同じ価値観の人、同じ意見の人、同じ考え方の人といるのは安心です。

自分の今までの考え方がぐらつかないからです。

ところが、「死ぬ前に最後に食べたいお寿司のネタ3つ」と聞いて、「イカ、イカ、イカ」と言う人が出てきた時点で、「3種類を考えて保険をかけていた自分はなんとナマぬるい生き方をしてきたのか」と気づかされます。

それによって、「価値観が違うからつきあえないというのは違うんじゃないか。自分にないものを取り入れるために、価値観が違う人とつきあおう」と考えます。

ところが、残念な女は、ずっと自分の考え方を肯定してもらうことを求めて、「違う」と言われることにビクつきます。

これが情報化社会の特徴です。

情報化社会は、同じ考え方の人たちが固まります。

地球の裏側まで、同じ考え方の人を探せるのです。

**恋愛は、情報化社会とは真逆のところにあります。**

いい女は、「へぇ、そんな考え方もあるんだ」と、違う考えの人に惹かれます。

**自分と違う考え方に振りまわされるという楽しみもあるのです。**

色気が生まれる習慣

# 10 自分と違う世界の男と、つきあおう。

# 第 2 章

# 言葉で、
# 生まれ変わろう。

# 11

# 自分より、言葉のきれいな相手と、つきあうことはできない。

映画『マイ・フェア・レディ』はどんな物語かと尋《たず》ねると、ほとんどの人が「ヒギンズ教授にイライザが出会って、レディになる話です」と答えます。

それでは、ただの玉の輿《こし》物語です。

『マイ・フェア・レディ』は、『シンデレラ』や『プリティ・ウーマン』とは違います。

主人公の花売り娘のイライザは下層階級なので、言葉が汚いのです。

ヒギンズ教授は、「自分なら、その言葉を直すことができる」と言って、ピッカリング大佐と賭けをします。

ヒギンズ教授はイライザを家に呼んで、家政婦のピアス夫人に、

「このキャベツの切れ端（イライザのこと）を洗ってくれ」

と言いました。

イライザが

「顔も服も洗ってきました」

と言うと、ヒギンズ教授は、

「そんなことは言っていない。君の言葉が最低だ。そんな汚い言葉を話していたらダメだ」

と言います。

「私は不自由していません。まわりのみんなには、この言葉で通じています」

「それなら、一生その言葉を話して、一生地獄にいろ」

と言うのです。

階級が厳しい社会では、汚い言葉を話している限り、地獄から一生抜け出せなくなります。

『マイ・フェア・レディ』の原作は、1912年にバーナード・ショーが書いた戯曲『ピグマリオン』です。

当時は女性が権利を持たず、差別が厳しい時代でした。
それから100年たった今の日本でも、同じことが起こっています。
言葉でその人の階級が決まり、つきあう相手も決まります。
**今いるところから抜け出すためには、まず、言葉を変えていくことが必要なのです。**

色気が生まれる習慣

## 11 上流の語彙《ごい》を増やそう。

# 12

# 『マイ・フェア・レディ』は、努力して生まれ変わった。玉の輿ではない。

映画『マイ・フェア・レディ』は、下層階級の女性がヒギンズ教授の特訓に耐え、努力して上流階級の言葉を獲得していく話です。

**努力して生まれ変わっていく物語なのです。**

**残念な女は、玉の輿を狙《ねら》っています。**

女子学生の就職先の人気ランキング1位は、今やセレブとの結婚です。

企業とかではないのです。

時代が100年前に戻っています。

21世紀になって、女性がこれだけ社会進出して仕事のチャンスを与えられているのに、セレブとの結婚で専業主婦になることを夢見ているのです。

そのための努力として、セレブがいそうな六本木とか西麻布を夜な夜な徘徊《はいかい》して、出会いを待っています。

そこで声をかけられたとしても、ただ遊ばれているだけです。

しかも、声をかけるのは、つまらない男です。

相手もつまらないし、関係も遊ばれているだけという最悪の状況です。

玉の輿を目指すなら、まず、努力して自分を磨くことです。

その時点で、玉の輿ではなくなります。

対等であることで、出会いが生まれるのです。

色気が生まれる習慣

# 12 玉の輿より、努力して生まれ変わろう。

# 13

# いい女は、相手を「先生」ともファーストネームでも呼べる。

いい女は、相手の男性を「先生」「師匠」「あなた」など、いろいろな名前で呼ぶことができます。

もちろん「ファーストネーム」でも呼べます。

残念な女は、相手の呼び方が1通りです。

これは、どういう男とつきあえばいいかにもかかわってきます。

**「先生」とも呼べる人とつきあうことで、自分のランクが上がります。**

**男性の見きわめ方は、相手を「先生」と呼べるかどうかです。**

実際に先生の仕事をしている必要はありません。

自分がその人から「何かを教わっている」という感覚を持てるかどうかです。

色気が生まれる習慣

# 13 先生と呼べる男とつきあおう。

「先生」という感覚を持てる男性を選んでつきあうことが大切です。

「あんな男をなんで先生と呼ばなければいけないの」と言うのは、そういう男とつきあっているのがおかしいのです。

そういう人は、恋人であっても、先生ではありません。

自分をレベルアップし、よりステップアップしていくのは、「先生」と呼べる男性とつきあうかどうかにかかっています。

それは年齢が上だろうが下だろうが、まったく関係ないのです。

# 14
# 「ありのまま」とは、「そのまま」ではない。

残念な女は「ありのまま」が好きです。

残念な女は、「ありのまま」を「そのまま」と解釈します。

これは間違った解釈です。

「そのままの私」でいると、向上心はゼロになります。

「その服、ダサいよ」と言われても、「これがありのままの私です」と言うのです。

正しい「ありのまま」は、今日は肯定しても、明日はもっとよくなるための工夫をすることです。

「ありのまま」と「そのまま」とを区別することです。

**「そのまま」は現状維持です。**

「現状維持」イコール「後退」です。

**明日はもっとよくなろうと工夫することが、「ありのまま」なのです。**

色気が生まれる習慣

# 14

## 明日はもっとよくなるために、工夫しよう。

# 15 いい女は、つり合わない相手と、つり合えるように頑張る。

いい女は、自分とつり合わないくらいの、いい男とつきあいます。
その男とつり合うべく、頑張っているのです。
**残念な女は、自分とつり合う男とつきあいます。**
努力は何もしていません。
**もっと残念な女は、自分より格下とつきあいます。**
カッコいい男は嫌いです。
自分が目立たなくなるからです。
人間は、つきあっている相手と同等レベルになっていきます。
格下とつきあっていると、相手が上がるのではなく、自分がそのランクまで下がります。
格下は常に下がり続けています。
2人そろって地獄に落ちていくのです。
人間は、
① 上昇している人
② 下降している人
の2通りに分かれます。
残念な男は、「君のためならなんでもする」と媚《こ》びます。
彼女が「会いたい」と言えば、仕事もそっちのけで、すぐ飛んできます。
「仕事しろよ」と言いたくなります。
いい女は、つらいのです。
いい男は、格上のオシャレな人が行くところに行きます。
まわりはみんなオシャレなので、格下の自分はお付きの人に見られます。
恋人には見てもらえません。

誰が見ても、つり合っていないことがわかります。
それに耐えることが、「明日はもっとよくなろう」という原動力になります。
そこにいるオシャレな人たちも、もっとよくなろうとしています。
その中にいることで、自分のレベルがどんどん上がっていくのです。

色気が生まれる習慣

## 15 自分を成長させる男を選ぼう。

# 16

# いい女は、1つだけウソをつく。

残念な女は、ウソが多くなります。
**自分の自己肯定感が低いところがバレないように、ウソでかためるのです。**
そういうウソは、すぐにバレます。
ウソをつきすぎて、自分の中で整合性がなくなるからです。
あまりにもウソの比率が多くなって、本当のことまでウソに見えてくるのです。
世間からは、さらに格下の印象で見られるようになります。
どこに出しても恥ずかしくない残念な女になっていくのです。
いい女は、10個のうち1個だけウソをつきます。
残り9個は本当です。

これが高級なウソで、絶対にバレません。

しかも、そのウソは自分を守るためのものではありません。

そのほうがみんながハッピーになるウソです。

つくり話をするのではなく、言わないほうがいいことを黙っているだけなので、バレないのです。

スパイは、常にウソをついていると思われます。

一流のスパイは、ほとんどが本当のことで、1個だけウソをつきます。

残念なスパイは、ウソまみれです。

どれが本当でどれがウソか、わからなくなっています。

前になんと言ったかわからなくなって、整合性が合わなくなるのです。

ウソをゼロにすると、本人はラクになります。

ただし、本当のことの中には聞きたくないこともあります。

自分がラクになりたいからといって、全部バラしていいのかということです。

「黙っておく」ことが、「哀しみを背負う」ことです。

涙を背に流しているのです。
全部言いたい気分になっても、その誘惑に負けてはいけないのです。

色気が生まれる習慣

# 16

# 全部を聞いてもらおうとしない。

# 17 相手が違う名前で呼んだら、その名前にする。

自分の名前を好きな男性に間違って呼ばれることがあります。

たとえば、彼が「菅野（カンノ）さん」を「菅野（スガノ）さん」と呼びました。

ここでどうするかで分かれるのです。

いい女は、相手が間違えて呼んだ名前を訂正しないで、そのまま話を続けます。

残念な女は、「すみません、スガノじゃなくて、カンノなんですけど」と、訂正します。

これは損です。

彼はオンリーワンの呼び方をしてくれているのです。

せっかくほかの人と違うパスワードがあるのに、ほかの人と同じパスワードに変えるのは、もったいないことです。
**彼が間違って呼んでくれた名前をうれしいと思えばいいのです。**
読み方がむずかしくて間違えられやすい名前は、得です。
間違えられなくても、相手がパッと呼んだ名前は大切にすることです。
みんなと同じ呼ばれ方をしているうちは、まだ特別な存在になりえていません。
間違えて呼ばれるのは、チャンスです。
それを訂正してどうするんだという話なのです。

色気が生まれる習慣

## 17 ほかの人とは違う名前で、呼ばれよう。

# 18 いい女は、「自分の知らない魅力を引き出してくれる男」とつきあう。

残念な女は、自分のいいところを全面的に押し出してきます。

「あとはフェイスブックやブログを見てください」と言って、アドレスがポンと送られてきます。

写真を撮る時も、顔のアングルが常に一定です。

自分のお気に入りのアングルがあって、「私はこっち向きのほうがかわいいから」と言うのです。

面白いことに、人間の魅力は本人が嫌《いや》がっているほうに出ます。

本人が気に入らない顔のほうが、いい顔なのです。

写真の立ち位置も、右と左で立ちやすいほうが決まっています。

常に自分の気に入ったほうに立つのは、そのほうが立ちやすいからです。

実際は、立ちにくいほうで立ったほうがきれいに見えます。

「逆のほうがかわいいよ」と言ってくれるのが、いい男です。

**残念な男は、残念な女が自分がいいと思っているところをほめます。**

これでは、まったく成長がないのです。

いい女は、自分がコンプレックスに感じているところをよしとしてくれる男とつきあいます。

これで自分の新しい魅力を引き出せます。

「自分はこんなことができるんだ」「こんな魅力があったんだ」と気づかせてもらうことで、短所が一気に長所を追い越していくのです。

残念な男は、「気にしなくていいよ」、「それほどでもないよ」、「そんなことないよ」と言います。

ブティックの売れない店員さんと同じです。

「私、ちょっとここが太いので」と言った時に、「たしかに。でも、それを逆に長所に持っていく服がありますと」言ってもらったほうが、親身になってくれている感があるし、信頼できます。

「そんなことありませんよ」と言われたら、いかにも売らんかなで怪《あや》しいのです。

残念な女は、つい知っている自分で勝負しようとしがちです。

知らない自分は、何が出るかわからないから不安なのです。

**いい女は、自分の知らない自分を評価し、知らない自分を引き出してくれる男を選ぶことができるのです。**

色気が生まれる習慣

## 18

## 「知らない自分」を教えてくれる男とつきあおう。

# 第 3 章

# 競争から、<br>解放されよう。

# 19

# 取り分けをすることで、取り分けをしない男とつきあってきたことが、バレる。

男性と一緒にごはんを食べに行った時に、かいがいしく取り分けをしているのは、残念な女です。

今まで取り分けをすることによって「いいコだな」と思うような残念な男とずっとつきあっていたことが、ここでわかります。

取り分けで得点を上げようとする習慣が、ついついてしまっているのです。

こういう残念な女が2人いると、大変です。

「私がやります。私がやります」

と、阿鼻叫喚《あびきょうかん》の取り分け地獄が始まるのです。

色気が生まれる習慣

# 19 取り分けで得点しようとしない。

ふだんから、どういう男とつきあっているかが重要です。

**かいがいしく取り分けをする女性は、取り分けをしてくれるようないい男とつきあっていないことがバレてしまうのです。**

# 20 残念な女は、1つ教えたら、それぱかりする。

残念な女は、クリエイティビティーがありません。

たとえばスイーツでも、「○○がおいしい」と教えたら、それぱかり食べます。

「○○の服が似合うね」と言ったら、それぱかり着ます。

「○○のしぐさがいい」と言ったら、それぱかりします。

「これがいいということは、ひょっとしたら、これもいいんじゃないか」という応用がきかないのです。

**同じことをし続ける必死感が、残念な女の特徴です。**

「これが正解」と聞いたら、ひたすらそれぱかりします。

これが学校優等生です。

「それが正解でしょう。わかっている」と、すぐ反応して、それればかりするのです。

相手には「こいつ、面白くないな」と思われます。

さりげなくしているのではありません。

「これをしたら好かれるだろう」と思い込んでしているのです。

取り分けをし続けるのも同じ理由です。

「取り分けがウケたということは、違う何かもしてみよう」と思えることが、恋愛におけるクリエイティビティーです。

**みずから恋愛をデザインして、創造していくのです。**

どんなにすき焼きが好きと言っても、毎回すき焼きではしんどいし、飽《あ》きます。

残念な女は、本に「肉じゃがをつくる女はモテる」と書いてあったら、肉じゃがをひたすらつくり続けます。

私の本を読んで、本で書いたことをそのままする人がいます。

本で書いたセリフをそのまま言う人もいます。

「中谷さんは、こういう女をいい女と考えるんだな」と思い込んでいるのです。

それを著者の私にぶつけてどうするのかということです。

模範解答は、みんながしていることです。

いい女は、「みんながそうするなら、自分は少しアレンジしてみよう」と考えられます。

残念な女にアレンジはありません。

「これ」といったら、必死に「これ」をします。

「必死」には魅力を感じないのです。

色気が生まれる習慣

## 20 魅力を、工夫しよう。

# 21 いい女は、肉食系で、ガツガツしていない男とつきあう。

残念な女は、草食系の男とつきあいます。
心配もリスクもないし、どうなるかわからない状況にはなりません。
何ごとも起こらないので安心です。
それでいて、「彼がつまらない」と文句を言います。
そもそも自分がつまらない男を選んでいるのです。
肉食系は危ないです。
何が起こるかわかりません。
いい女は、肉食系で、ガツガツしていない男とつきあいます。
肉食系でおなかがすいているライオンは、危ないだけです。

自分に魅力がなくても噛みつかれます。

噛みつかれても、それは自分に魅力があるためではありません。

その男は、ただセックスしたかったのです。

肉食系というよりは、たまっていただけです。

肉食系でもガツガツしていない人が、どれだけ自分に魅力を感じてくれるかが勝負です。

いい女になりたければ、まずは肉食系でガツガツしていない男を選びます。

**そういう相手に「会いたい」と思ってもらえるように頑張ることが大切なのです。**

色気が生まれる習慣

## 21 肉食系で、ガツガツしていない男とつきあおう。

# 22
# 都会では、残念な女も、1日10人から声をかけられる。

**残念な女は、自分がモテると勘違いしています。**


都会に出てくると、やたらめったら声をかけられるからです。

ここで「自分はやっぱり都会でも通用する」と思い込んでしまいます。

都会では、いい女も残念な女も、1日最低10回は声をかけられます。

それが都会です。

人と比較していないと、「自分ばかりが次から次へと声をかけられる。どうやって断ったらいいでしょうか」と、相談することになるのです。

田舎は閉鎖空間なので、みんな知り合いです。

声をかける人数も少ないし、すでに順位がついているので、声はかけられません。

都会は「とにかく、なんでもいいから声をかけておこう」というのがルールです。

ルールが違うのです。

田舎では、いい女に声をかけます。

**都会では、いい女にも残念な女にも声をかけます。**

田舎をバカにしているわけではありません。

生き方が田舎的な人はたくさんいます。

都会に住んでいるのに社会と隔絶《かくぜつ》して、頭の中は田園風という人がたくさんいるのです。


**誘われる数が少ない人ほど、断り方がヘタです。**

誘われる数が増えれば、断り方がうまくなります。

断り方がヘタな人は、「断ったら感じ悪いと思われる」「あとにしこりが残ったらどうしよう」と思っています。

誘っているのは挨拶レベルです。

「今日、知らない人から10人も挨拶された」と、悩む人はいません。

色気が生まれる習慣

# 22 誘われるからと勘違いしない。

ただの挨拶なので、深い意味は何もありません。
そこを勘違いしているのが、残念な女なのです。

# 23

# 「どこかで会った?」と聞かれたら、「3秒前に」と答える。

「どこかで会った?」というのは、定番の誘い言葉です。

この時、残念な女は「みんなに同じことを言っているんでしょう」と言います。

答え方がすでに定番の答え方です。

これで、このあとの会話がつまらなくなります。

「どこかで会った?」という質問にイエス・ノーで答えると、そこで終わりです。

「会ってません」という答えは、一番面白くないのです。

いい女の返事には、無限のパターンがあります。

せっかく「いいな」と思っていた人に声をかけられたのに、定番の答え方で返すことで、「じゃ、また」ということになるのです。

いい女は、ここで「3秒前に」と言えます。

そうすると、「また会えたね」と返せます。

どんなセリフにも、みんながしないようなセリフを返していくことです。

お決まりの電報のような返事をすると、その場がつまらなくなります。

常にもっといい返しがないか、考えておいたほうがいいのです。

今は返しがワンパターンになっています。

原因はSNSです。

SNSは決まり文句のやりとりなので、ひねりがないのです。

ひねった会話を、どれだけ出せるかです。

バーナード・ショーは、それまでの「よき娘」「よき妻」「よき母」という古い女性観から抜け出すために、新しく女性らしくない女性（unwomanly woman）をつくり出しました。

それをお芝居の主人公に置いたのです。

特徴は、頭の回転が速いことです。

**頭の回転が速いので、才気あふれる言葉、機知に富んでユーモアとウイットに満ちた言葉を返せるのです。**

学校優等生は、覚えた決まり文句を返します。

話している言葉は、お決まりの文句しかありません。

ＳＮＳの狭い世界の中にいると、だんだん残念な男、残念な女になっていきます。

お決まりの言葉のやりとりで、ボキャブラリーが貧困になっていくのです。

色気が生まれる習慣

## 23 ありきたりな答えをしない。

# 24 残念な女は、競争する。いい女は、上がいるので、競争しない。

**残念な女は、いい女がいない世界に浸っています。**


「1番でいよう。2番に落ちたくない」ということで、競争が始まります。

これで疲れてしまうのです。

ランキング1000位の女性は、そこからはい上がるしかないので、競争どころではなくなります。

たとえば、東京マラソンの1位2位争いは競争です。

うしろのほうで、まわりに着ぐるみが走っている世界は、競争ではありません。

少しでも前へ行けばいいというだけです。

まずは「上には上がいる」という世界に入っていきます。

そこに入ると、自分は負けます。
負けたくないから、つい「田舎に行って勝てばいい」という考え方になっていきます。
これが嫉妬心をわかせる原因になるのです。

色気が生まれる習慣

## 24

# 上がいる世界に行こう。

# 25

# 上のレベルの人に出会うと、ヤキモチをやいてても勝てないとわかって、ヤキモチをやかなくなる。

**いい女は、ヤキモチをやきません。**

**世の中には、いい女がたくさんいることを知っているからです。**

その人たちと戦っても勝てないのは、わかっています。

残念な女がヤキモチをやくのは、世の中でいい女を見たことがないので、自分が勝てると思っているからです。

「田舎でちょっといい女」が、このタイプです。

都会は、レベルの高い、いい女だらけです。

田舎では「いい女」と言われ、「井の中の蛙《かわず》」になっているだけです。

自分はトップだと思っているので、少しでも彼が目移りすると「どういうこと？」と、逆ギレするのです。

都会に出てきて、いい女をたくさん見ると、「これは勝てないな」と思います。レベルの高さを知るのです。

受験校の灘《なだ》高や開成高の勉強のできる子たちがもっと勉強するのは、すごいヤツがたくさんいることを知っているからです。

田舎では、少し勉強ができると、「自分は誰にも負けない」と思い込んでしまいます。

ここの差です。

映画やＴＶでいい女を見ても、地続きではないので、別の世界だと思っています。都会に出てくると、映画と地続きのシロウトのいい女がたくさんいるのです。「自分はとうてい勝てない」と思うことで、ヘンな競争心とか嫉妬心はわかなくなります。

明らかに負けているからです。

いい女になるためには、まずは勝てない相手に出会うことが大切なのです。

色気が生まれる習慣

# 25

# 勝てない相手に出会おう。

# 26

# 「私が1番」を、目指さない。

「私が1番になるにはどうしたらいいか」という質問は、残念な女の発想です。

世界のトップレベルの相手と戦っている人には、「1番」という発想はありません。

「1番」にかわる発想は、「特別」です。

そこで「私を特別扱いしてほしいです」と言うのは、残念な女です。

**「特別扱いしてもらう」というのは、受け身です。**

**いい男といい女の恋愛は、男性と女性のどちらも自発であって、どちらも受け身ではないのです。**

2人がどちらも受け身では、つまらないです。

2人がどちらも自発になれるのが恋愛です。

「特別扱いしてもらう」というのは、すでに受け身の考え方です。

自分が相手を特別な存在と考えるのは、自発です。

「私」を1番にしてもらうのではありません。

相手を「ほかの男とはまったく違う特別な存在」と自分が考えるのが、自発的な恋愛なのです。

色気が生まれる習慣

# 26

# 1番より、特別を目指そう。

27

# 最下位になっても、またトップになれる。

**いい男とつきあうためには、いったん最下位になる覚悟が必要です。**

格上の男性とつきあうと、その男のまわりにいる女性の中では最下位になります。

当然、最下位からのスタートです。

うかうかしていると、入れかえ戦で、また2部リーグに落ちてしまいます。

ここは頑張りどころです。

もう1つ、Jリーグの強いチームは、最初は調子が悪くて最下位になったとしても、また上がってこられます。

恋愛も同じです。

常に入れかえ戦があるのです。

一度1位をとったら、永遠に1位かというと、そんなことはありません。

まわりは常に成長して動いているのです。

残念な男と残念な女の世界は世襲《せしゅう》です。

成長がないので、永遠に順位が動きません。

みんながまんべんなく後退していくのです。

みんなから嫌われることを恐れる必要はありません。

**最下位になって嫌われても、またはい上がっていけばいいのです。**

本にも「攻めの本」と「守りの本」との2通りがあります。

「どうしたら相手を振り向かすことができるか」というのが、攻めの本です。

「どうしたら相手に嫌われないか」というのが、守りの本です。

嫌われないための本をどれだけ読んでも、嫌われないだけで、好かれることはありません。

むしろそういう本を読んでいることがバレた時点で、「こいつ、めんどくさいな」と思われて敬遠されます。

最下位は、まだトップになる可能性があります。
真ん中ぐらいの存在が、一番中途はんぱです。
「いましたっけ」と言われるのです。
**「嫌い」は「好き」に転じます。**
「好きでも嫌いでもない」という状態は、そこから抜け出しようがありません。
中途はんぱな人は、相手の印象にも残らないのです。

色気が生まれる習慣

## 27 最下位から、はい上がろう。

# 第 4 章

# 考えるより、感じて生きよう。

## 28

# 女性は、労働市場で高くなるか、恋愛市場で高くなるか、2つの成功がある。

女性が成功して夢を実現する方法は、

① 労働市場で高くなる

② 恋愛市場で高くなる

の2つです。

仕事ができる女性は、労働市場での価値が高くなっています。

仕事ができないのに労働市場で高くなることはありません。

「通訳の仕事をしたい。TOEICは200点ですけど」と言う人がいます。

4択の4分の1の確率すら切っているのです。

それでも通訳になりたい理由は、カッコいいからです。

英語ができない人ほど、カッコいい英語を使った仕事をしたがるのです。

通訳になるのは簡単です。英語を勉強すればいいだけです。

いい男とつきあいたいなら、恋愛市場での価値が高くなればいいのです。

王子様とつきあいたいなら、王子様とつきあうマナーを覚えます。

その箸《はし》の持ち方でいいのかということです。

「私は一流企業に勤めているのに、なんでいい男とつきあえないのか」と、文句を言っている女性がいます。

その人は、労働市場では高くても、恋愛TOEICは200点です。

年収は高いのに残念な女は、けっこういるのです。

年収の高さは労働市場での高さです。

仕事ができるから恋愛ができるかというのは、ナゾです。

仕事ができなくて恋愛ができることは、もちろんありません。

最低限、仕事はできないとダメです。

色気が生まれる習慣

# 28 恋愛市場で高くなろう。

仕事も恋愛も、どちらも集中力が大切です。

集中力の高い人間は、生産性が高いのです。

たとえば、仕事中に私的メールをしている編集者に「今、メールをしているので、もう少し待ってください」と言われても困ります。

本の編集は、集中力がいります。気持ちがメールに行っていると、集中できなくなります。これで生産性が低くなるのです。

「そのかわり残って残業しますから」と言いますが、今は厚労省がうるさいので、残業はできません。

勝負は、集中力です。

**労働市場と恋愛市場に共通して求められるのは、その人の集中力です。**

何かをしている時にＳＮＳなどを見ないでいることが、集中力なのです。

# 29 離婚したい時は、即、別居して、5年経過を待つ。

**離婚して、いい女になる人もいます。**
結婚して、残念な女になる人もいます。
残念な女は、「結婚したらいい女になる」と勘違いしています。
**残念な女は、結婚しても、ますます残念な女になるだけです。**
いい女が結婚して、自分は成長したのに相手が成長しないことがあります。
そういう時は、離婚して乗りかえていけばいいのです。
ただし、簡単には別れてくれません。
格下の相手はしがみついてきます。
離婚するのは簡単です。

5年間、別居すればいいのです。

ほかに好きな人がいても、5年間は会うのをガマンします。

一生を考えたら、5年はあっという間です。

いい女は、長期的なスパンで物事を考えます。

残念な女は、「エッ、5年もですか。ほかに方法はありませんか」と言っているうちに、別れ話がドロドロになっていくのです。

「5年間の別居」という事実があれば、裁判所は離婚を認めてくれます。

グズグズ言っている間は同居しているので、時間がムダに流れてしまうのです。

色気が生まれる習慣

## 29
## 一生を考えると、5年は短いと考えよう。

# 30 別れ話のこじれは、ストレスが残ると、ブスになって、恋人も去る。

別れ話の対応の仕方で、いい女と残念な女とに分かれます。

**いい女にも別れ話があります。**

**ステップアップです。**

残念な女は自力でなんとかしようとして、ストレスをためて、ますますブスになっていきます。

これでは、新しい彼とつきあいたいと思っていても捨てられます。

ブスになる一番の原因が、ストレスです。

トライして、頑張って、学習して、工夫して、次へ向かう人は、ストレスがなくなります。

ただ耐えるだけではストレスになるのです。

**ストレスは、顔に出ます。**

「耐えている私」という顔の人は、相手からすると重いのです。

「めんどくさいのにかかわっちゃったな。さようなら」と言われます。

これは仕方がありません。

「男って冷たい。最低」と言いますが、自業自得です。

いい女は、離婚のことは忘れて、すべて弁護士さんにお任せにします。

そのために弁護士がいるのです。

ストレスは、いっさいためません。

離婚の相談に来る人は、大体ストレスがたまっています。

おでこに「耐える女」と書いてあって、「耐える女」臭をプンプンに漂《ただよ》わせています。

離婚でストレスをためるよりは、仕事なり勉強なりに一生懸命打ち込んだほうがいいのです。

弁護士さんに頼めば、ストレスが除去できます。

色気が生まれる習慣

# 30 離婚問題は、弁護士を入れて、ストレスを除去する。

こじれる人は、たいてい友達に相談しています。

友達は人の離婚話が大好きです。

残念な女は「相談のり魔」です。

プロでもないのに相談にのって、味噌煮込みうどんのミソを混ぜるように、ひっかきまわします。

ややこしくなった時点で、「もう好きにしなさい」と言って、いなくなります。

弁護士に頼むことで、そういう人にかかわることもなくなるのです。

# 31

# 離婚裁判中に、不倫相手と会いたければ、慰謝料を払う覚悟で会う。

慰謝料を払ってでも不倫相手に会いたいなら、会えばいいのです。
ただし、それがバレたら、不倫相手の立場が悪くなります。
離婚裁判中は心細くなるので、よけい好きな人に会いたくなります。
ここで会うと、夫は興信所をつけて張りついているので、当然、バレます。
バレないようにするというのは甘いです。
バレた時は、自分の不利益になります。
**自分の大好きな人にも迷惑をかけます。**
相手が仕事で長年コツコツ頑張ってきた努力も、一瞬でパアにするのです。

今は、よくも悪くも不倫に厳しい時代です。
社会的制裁で彼の長年の努力を一発で吹っ飛ばしていいのかということです。
自分の幸せを優先するか、相手の幸せもかんがみるかということなのです。

色気が生まれる習慣

# 31 相手に迷惑をかけない。

32

# 好かない男が、山ほどの砂糖を運んできても、好いた男の塩のほうが甘い。

いい女が一番優先するのは、「誰から」ということです。

「何をしてもらえば幸せか」と考えるのが、残念な女です。

「ああしてほしい」「こうしてほしい」「これが欲しい」と言って、モノとか事を求めるのです。

「好かない男が山ほどの砂糖を運んできても、好いた男の塩のほうが甘い」というのは、乙羽信子《おとわのぶこ》さんの名言です。

**大切なのは、何をもらうかではなく、「誰からもらうか」です。**

同じブランドのバッグでも、誰からもらうかを優先します。

色気が生まれる習慣

# 32
# 「何を」ではなく、「誰から」で選ぼう。

何をもらうかということばかり考えていては、残念な女から抜け出せません。
まず、誰かが何かをしたくなるような人間になることが先です。
残念な男は、「何をあげたら女性はついてくるか」と考えています。
その時点で、モノに頼っているのです。
『シンデレラ』の義理のお姉さんたちは、王子と舞踏会とお城に憧れていました。
それはモノとしての憧れです。
王子は見たことがないのです。
シンデレラは、王子を好きになりました。
「モノ」より「誰」が大切なのです。

33

# いい女は、告白することで、菌を入れる。

恋愛は、恋愛菌を相手に入れることです。
うまくいくかどうかはわかりませんが、まずは告白します。
当然、玉砕《ぎょくさい》です。
ただし、ここで告白することによって、相手が変わってきます。
菌は入れたので、発酵するまでには時間がかかるのです。
告白はエントリーです。
**告白した瞬間に、相手は意識をし始めます。**
「いつですか、いつですか」と言うのは、あせりすぎです。
今は菌が増えていっている時なので、あせらなくていいのです。

色気が生まれる習慣

# 33 発酵するのを待とう。

いい女は、ダメモトで告白します。

断られたとしても、諦めないで、そこからしばらく待つことができます。

残念な女は、イエス・オア・ノーの最後通牒《つうちょう》を突きつけます。

「ノー」なら、「ハイ、わかりました。もう二度とあなたとはかかわり合いません」と言って、「二度と会いません」メールを送ります。

自分の腹立たしさを相手にぶつけて、捨てゼリフを吐いてしまうのです。

告白したあと、あせらないことが大切なのです。

# 34

# いい女は、待っていない。

**残念な女は、ひたすら待っています。**

「彼にアドレスを教えたのに、なかなか連絡してくれない」と言うのです。

当たり前です。

いい男は忙しいのです。

自分からすぐメールを送って連絡のタイミングをつくらないと、永遠に誘ってもらえません。

待っているうちに、相手に忘れられます。

その時になってメールを送っても、スパムメールと間違えられます。

迷惑メールリストに自動的に振り分けられるのです。

いつか魔法使いのおばあさんがあらわれて、自分を舞踏会に連れていってくれるということは、ありません。

まず、魔法使いのおばあさんをつかまえることが大切です。

アメリカの一流大学の女子寮では、女のコたちが「easy and aggressive」です。

どうしたら男性に巧妙に誘ってもらえるか、日夜勉強しています。

そのケーススタディーを、ひたすら学び続けて情報交換をしているのです。

ただぼんやり待っていても、チャンスは決して来ないのです。

色気が生まれる習慣

## 34

## 自分から連絡のタイミングをつくる。

# 35

# いい女は「泳げない」と言いながら、飛び込める。

『墨攻《ぼっこう》』という、日中韓合作の映画があります。

中国を舞台とした酒見賢一さんの歴史小説と、それを原作とした森秀樹さんのマンガが原作になっています。

主人公のアンディ・ラウが、たった1人で、ある小国を敵の大軍から助ける物語です。

その小国の女騎馬隊長がファン・ビンビンです。

ファン・ビンビンと敵地を偵察に行った時に、敵に崖《がけ》っぷちまで追い詰められます。

断崖絶壁の下は川です。逃げるためには飛び込むしかありません。

アンディ・ラウがファン・ビンビンに「泳げますか」と聞いた時に、ファン・ビンビンは「泳げません」と答えます。

中国の内陸部育ちなので、泳げないのです。

普通は、ここで次の作戦を考えます。

ファン・ビンビンは、いい女です。

「泳げません」と言ったあと、アンディ・ラウが次の案を考える前に、パーンと飛び込んだのです。

「泳ぎは得意です」と言って飛び込むのは、当たり前です。

「泳げません。ほかに案がないですか」と言うのは、残念な女です。

このあとのシーンが、またいいのです。

敵から逃れたファン・ビンビンは、アンディ・ラウにおんぶされて、「勇気を出して頑張ったね」と言われます。

「あの時、私が泳げないと言って飛び込まなかったらどうしたんですか」

「もちろんあなたを殺します。敵につかまったら秘密がバレますから」

「どうやって殺すんですか」

「崖から突き落とします」

崖から落ちるのは、結局、同じです。

アンディ・ラウが「もう歩けますね」と言って、下におろそうとした時に、彼女はキュッと抱きしめます。

これは、いいシーンです。

大切なのは、できるかどうかではありません。

できないことにトライすることです。

できることだけトライする人もいます。

できないことをやめる人もいます。

どちらも残念な女です。

**「できない」と言ったあと、ポンと飛び込めるのが、いい女なのです。**

色気が生まれる習慣

## 35

## できないことに、トライしよう。

# 36 やってみたいと思っていて、なかなかできなかったことがある。

「今までやってみたいと思っていたけど、ムリだと思ってずっと諦めていたこと」をやってみるのがいい女です。

残念な女は、何かやってみたいことがあってもガマンします。

そのうちに忘れてしまいます。

ずっとガマンしていると、忘れるのです。

「やってみたいことが何だったか覚えていない」というのが初期症状です。

これが進むと、「やってみたかったことなんて、もともとなかった。忘れたことも忘れた」という状態になっていくのです。

ある映画の初めて会った2人の会話の中に「今夜は、2人が今までやってみたいと思っていたけどやれなかったことをやってみようよ」というセリフがあります。

「この人と出会わなければ絶対しなかったであろうことができた」

「なんかキッカケがあったらやりたいと思っていたけど、まさか自分がそんなことができるとは思わなかった」

というのが、いい女といい男の恋愛の仕方です。

残念な女は、未来の予定があって、その予定通りに進ませてくれる男を求めています。

**いい女は、自分の未来の予定では想像だにつかないようなことをさせてくれる男を好きになります。**

旅行でも、「まさか自分が一生のうち、こんなところに来て、こんなことをするとは思わなかった」という体験をさせてもらえます。

これが勉強や体験をするということであり、人生の面白いところなのです。

人生の予測性があって、その予測の外に出なくなるのが情報化社会です。

情報化社会になればなるほど、自分の想定の外には出なくなります。

自分の知らない言葉を検索にかけることはできません。

「私の知らないこと」では検索できないからです。

本を読むと、「世の中にはこんな人がいるのか。すごい人がいるな」と、知らない世界に出会えます。

本は、いきなり知らないことが出てくるのです。

たしかに、ネットの中には自分の知らないこともあります。

ただし、知らないことは検索にかけられません。

知っていることをもう一度知ることしかできないのです。

これがネットの限界です。

つまらない男と同じです。

残念な男は、すでに女性が知っている世界のことはいくらでも答えてくれます。

女性が知らない世界は教えてくれません。

女性が「○○のお店に行きたい」と言うと、連れていってくれます。

ところが、女性が知らないお店には連れていってくれません。

「○○のお店」と言わないと、そんなお店があることも知らないのです。

これで体験の幅が狭まっていくのです。

情報化社会は、体験の幅も知り合いの幅も狭まります。

石器時代より知り合いの幅が狭いのが、情報化社会の特徴なのです。

**いい女は、情報化社会の外に飛び出せるのです。**

色気が生まれる習慣

## 36

## 今夜は、それをやってみよう。

# 第 5 章

# 正解よりも、自分を優先する。

# 37

# いい女は、常に高い快感を求める求道者だ。

いい女は、今の快感で満足しません。

もっと快感はないかと突き詰めていくことは悪ではありません。

バーナード・ショーの時代は、女性は男性と対等ではありませんでした。

女性は働いてはいけないので、学校の先生にもなれませんでした。

女性ができる仕事は、売春しかなかったのです。

売春婦を責めるのではなく、売春しかない社会を変えていこうと演劇で訴えたのがバーナード・ショーの考え方です。

『マイ・フェア・レディ』でオードリー・ヘップバーンが演じた主人公のイライザは花売り娘です。

この花売り娘の話している下層階級の言葉を、言語学が専門のヒギンズ教授が裏でメモをとっています。

仲間がイライザに「おい、おまえの話している言葉をメモって、おまえを監視している男がいるぞ。気をつけろ」と教えました。

すると、彼女は「私は花を売っていただけじゃないの！」と怒りました。

その怒り方が尋常ではないのです。

それを見ていた別の仲間が出てきて、あわてて「いやいや、違う違う。あいつは警官じゃない。靴がピカピカだから紳士だよ」と言いました。

これもオシャレなセリフです。

ちゃんとした服を着ているのは、警官か紳士しかいなかったのです。

その差は、靴が汚れているのが警官で、靴がピカピカなのが紳士です。

仲間のセリフがオシャレすぎて、花売り娘のイライザが怒っていたセリフは聞き逃しがちです。

昔の社会情勢を知らずに映画を見た人は、イライザの尋常でない怒り方を見て、単に「怒りっぽいコなのかな」と思うのです。

違います。

花売り娘は「フラワーガール」と言います。

売春婦の別名なのです。

花を売るというのは隠れみのです。

警官だと思って「私は花を売っていただけじゃないの！」と、あわてて怒って説明したのは、実は売春をしていたということです。

舞台で上演された1913年ごろは、その社会情勢が暗にみんなわかっていました。

映画では、それはあまりにもせつない話なのでごまかしているのです。

現代社会でも、男性は快感を求めてもいいのに、女性は快感を求めてはいけないと信じ込んでいる女性はいます。

それは男性でも同じです。

残念な男は、「エッ、女性にも性欲があるんですか」と言います。

「いつの時代に生きているんだよ。ヴィクトリア朝ですか」と言いたくなります。

性欲は、女性も男性も同じです。
**女性も、高い快感を求めることは、決して悪ではないのです。**
むしろ、今よりもっと高い快感を求めていいのです。

色気が生まれる習慣

# 37 もっと高い快感を求めよう。

# 38

# 恋愛に、道徳を持ち込まない。

残念な女は、恋愛に通常の道徳を持ち込みます。

道徳とは、その時代の平均的な考え方でしかありません。

いい女は、通常の道徳を持ち込みません。

通常の道徳と恋愛とは別個の世界にあるのです。

作家のジャネット・ウィンターソンの言葉に、「恋に落ちる時は、穴に落ちるように落ちるのではない。宇宙空間に落ちていくように落ちていく。何もかも違って見える」という名言があります。

宇宙空間でするのが恋で、地上でするのが道徳です。

宇宙空間は重力のない世界です。宇宙ステーションでは、地上の原理が宇宙でどう変わるのかという実験をしています。

恋愛は、あらゆるルールが変わるのです。

そこで、「普通は○○でしょう」と言うのが、残念な女の男への怒り方です。

**恋愛は、普通の外にあります。**

恋愛を道徳の中で解釈しようとすると、不具合が生まれます。

つまらない男としか出会えなくなるのです。

残念な女は、自分でそういう男を選んでおきながら、「私の彼はつまらない」と文句を言います。

道徳の内側にいる男を選ぶのは、そのほうが安心だからです。

道徳の外側にいる男は、どう転ぶかわからないので、ドキドキします。

いい女の恋は、そういうものなのです。

色気が生まれる習慣

## 38

## 恋愛に、「普通」を持ち込まない。

# 39

# いい女は、当たり前なことをしない。

親戚のコシノジュンコさんのラジオ番組にゲスト出演したことがあります。

朝の収録でした。

ラジオはＴＶと違って、聞いている人には出演者が見えません。

まず、相手の服装をコメントするのがラジオの鉄則です。

私は、ツッコミやすいようにコシノさんの服を着ていきました。

コシノさんは、ツッコんでくれました。

ところが、コシノさんの服装は、朝からいきなりシースルーです。

しかも、なかなかの巨乳です。これはツッコんでいいものやらと迷いました。

あとから聞くと、ツッコんだほうがよかったのです。

ツッコむ前に話題がどんどん別のところに転がっていきました。

収録後、「朝からシースルーというのは、いくら親戚とはいえ、それをツッコんでいいかどうか迷いました」と言うと、コシノさんは「夜のシースルーは当たり前じゃないの」と言ったのです。

これが世界の「コシノジュンコ」です。

「朝に着るから面白いんじゃないの。夜はシースルーなんか着ない。みんなが着ているから」と言うのです。

「これは1つ教わったな」と思いました。

「これをツッコんでいたら、その言葉が拾えたのに」と、反省したのです。

**みんなと違うことに美を見出すことがデザインであり、芸術です。**

色気が生まれる習慣

# 39 みんなと同じことをしない。

# 40

# いい女は、彼といても、声をかける男とつきあう。

いい男は、いい女が恋人と一緒にいる時でも、きちんと声をかけます。

残念な男は、「なんだ、恋人がいるんだ」と思って、絶対に声をかけません。

話していても恋人がいるとわかったら、つきあいません。

ましてや、結婚していたり子どもがいると聞くと、「失礼しました。おみそれしました」と言って引き下がります。

いい男は、孫がいても、怖いお父さんがいても、引き下がりません。

そんなことは関係ないのです。

大阪では、不良で有名なお兄ちゃんの妹は、大体かわいいのです。

イソギンチャクの横にクマノミがいる状態です。

そんなところでくじけていてはダメです。

いい男は、くじけません。

この本は、いい女になりたい女性と、いい男になりたい男性の両方に向かって書いています。

いい男は、恋人と一緒にいる女性にも、いい女と見れば、ちゃんと声をかけます。

自分が恋人と一緒にいる時に、その恋人がほかの男性に声をかけられてムッとするのが残念な男です。

その時点で、彼女を持っていかれます。

「なんで自分の女に声をかけるんだ」と怒るのは、女性は「所有物」という発想です。

それを聞いて喜んでいるのが、残念な女です。

いい女は、「私はあなたの持ち物じゃない」と、怒り出すのです。

色気が生まれる習慣

# 40 遠慮する男と、かかわらない。

# 41 いい男は、気のきいたセリフを即答する。

私は、20代の時に10歳上の女性とつきあっていました。
最初に彼女に「あなたの言葉は面白い」と言われました。
私が話す言葉は、ふだんの会話にはあまり出てこないのです。
私は、ずっと脚本を書いていました。
脚本はセリフ勝負です。
外国映画も死ぬほど見ていました。
映画のセリフは気がきいています。
オシャレなセリフは、すべてメモをとって研究していました。
ハリウッド映画のシナリオは、プロット（基本的なストーリー）をつくる人、それを脚本にする人、セリフを書くスクリーンプレーの少なくとも3つに分かれます。

私がなりたかったのは、スクリーンプレーです。

映画のクレジットタイトルにも「スクリーンプレー」というのがあります。

スクリーンプレーは、ストーリーはつくりません。

セリフだけを考えているので、セリフがうまくなります。

フランス映画を見ると、男も女も、ひと言ひと言がしゃれています。

私は「なんでこんな気のきいたセリフが言えるんだろう。いつかこのセリフを使ってみたい」と思っていました。

自分が小説を書く時も、日常的な会話よりも、そんな気のきいた言いまわしを入れたかったのです。

私が最初に憧れた外国映画は、シェイクスピアの『ロミオとジュリエット』です。

シェイクスピアのすごさは、セリフがオシャレなことです。

ジュリエットは14歳で、仮面舞踏会で、ロミオにいきなりキスをされました。

その時に、「私の唇が汚されたので、お返しします」と言ってキスをします。

14歳で、これです。
なんのことはない、もう1回キスしているのです。
高校生の私は、それを見た時に「これだ」と思ってしまいました。
そこからが、つらい道のりの始まりです。
気のきいたセリフは、相手に通じないとドン引きされます。
高校生ではムリでした。
それを女性が受け入れてくれないのです。
でも、そこで諦《あきら》めてはいけません。
**通じる相手は、いつか必ずあらわれるのです。**



## 41 ドン引きされても、諦めない。

# 42

# 出会った瞬間から、誘惑が始まっている。

「お誘いはいつからしていいんですか」と質問するのは、残念な女です。
会った瞬間から、誘惑は始まっているのです。
**会った瞬間、ピンと来なければ永遠に何もありません。**
チャンスは、会った瞬間です。
恋愛は、じわじわ来るものではないからです。
出会った瞬間から勝負が始まっていると考えることです。
ヘンな営業のように「今日はまずご挨拶」というのは、恋愛では必要ありません。
「3回目ぐらいからいよいよ誘惑が」というのは、モタモタしすぎです。
もちろん、3回神話は今でもあります。

それは、残念な男、残念な女の都市伝説として残っているのです。

色気が生まれる習慣

# 42

# 出会った瞬間から、誘惑しよう。

# 43 セックスしてもいい男ではなく、セックスしたい男とつきあう。

残念な女は、セックスしてもいい男とつきあいます。

いい女は、セックスしたい男とつきあいます。

「してもいい」は、女性が男性に交換条件としてセックスを出しているということです。

自分が結婚したり、つきあう確約をもらうために「セックスをしてもいい」と言うのは、つまらない交換条件です。

**残念な女の世界は、交換で成り立っています。**

**いい女は、「あなたもしたいし、私もしたい。一緒にしたい」という共有で成り立っています。**

つきあう相手が「セックスしてもいい男」では、譲歩ラインが下がっています。

「ギリギリできるかな」という男性と、セックスする必要はありません。

「したい男」「普通の男」「したくない男」の中では、残念な女は、真ん中の「普通の男」としてしまいます。

これは、セックスを交換条件に出しています。

「交換条件なんて、100年前の話をまたしているのか。無人でタクシーが走る時代に何を言ってるんだ。時代は進んでいるんだぞ」と言いたくなります。

残念な女も、さすがに「したくない男」は選びません。

かといって、どちらでもない「普通のしてもいい男」としていては、いい女にはなれないのです。

色気が生まれる習慣

# 43
# してもいいレベルの男と、つきあわない。

# 第 6 章

# 会話も勉強も、楽しもう。

# 44 暗くてエッチはない。

**エッチは、明るいものです。**

暗いエッチに色気はありません。

暗いエッチは、どこかうしろめたいし、楽しくなくなります。

「エッチ」という言葉には、なんとなく隠微な感じがあります。

**ベースに明るさがないと、エッチもセクシーもないのです。**

笑顔のない女性とエッチをすると、相手の男性は「かわいそうなことをしている」と思って、楽しくなくなります。

暗くなるのは、あと先のことを考えているからです。

「この男は、このままヤリ逃げするんじゃないか」と思っているのです。

明るさは、今ココに集中している時に生まれます。

未来の不安と過去への後悔があると、今ココに感情移入できないので、顔が暗くなります。

「心ここにあらず」で、エッチに集中していないのです。

これは相手から見ると、一発でわかります。

「何考えているの？　もう帰ります」という気持ちになるのです。

残念な女は、少し隠微なほうがエッチだと勘違いしています。

エッチには、わざと暗さを装う人と明るくできない人との2通りがいます。

エッチをするなら、明るいエッチを目指したほうがいいのです。

色気が生まれる習慣

# 44

## 明るいエッチになろう。

# 45

# 食事も、会話も、勉強も、セックスの一部だ。

残念な男は、食事も会話も勉強も、すべて別個のこととして考えます。

「ここまでは食事」、「ここまではお酒」、「ここまではセックス」、「ここまでは勉強」と、すべて分けているのです。

**いい女は、食事も会話も勉強もセックスも、区別がありません。**

食事も会話も前戯《ぜんぎ》です。

セックスは会話の一部です。

勉強とセックスの境目もありません。

そう考えると、セックスも勉強しなければいけないことがわかります。

TOEICは勉強するのに、なぜセックスは勉強しないのかということです。

色気が生まれる習慣

# 45 勉強しよう。

セックスのＴＯＥＩＣ２００点では、「これはなんとかしなければ」と思います。
食事も、会話も、セックスも、すべてが勉強です。
生まれついてのものではないのです。
英語も、生まれつきできるわけではありません。
「アメリカ人は子どもの時から英語を話している」というのは、ウソです。
親が教えているのです。
アメリカの小学校も国語として英語を勉強しています。
勉強することで、自分のランクが上がっていくのです。

# 46

# いい女は「あなたって、悪い人ね」と言いたい。

**いい女は、ワルとつきあいます。**

ワルと言っても、乱暴な言い方をするとか、ＤＶとかではありません。

それは「ワル」の言葉の定義が違います。

ワルとは、常識の外にいるということです。

三谷幸喜さんの舞台『酒と涙とジキルとハイド』で、優香ちゃんがジキル博士の婚約者のイヴ役を演じています。

イヴはいい女で、ジキル博士はまじめでつまらない男です。

イヴは、ジキル博士と同一人物とは知らずにハイド博士を好きになります。

それに対して、ジキル博士は悩みます。

後に同一人物が薬で変わっていることを知って、イヴはその薬を飲んで「ハイジ」という悪《あく》になります。

髪がバーッと乱れて、ガムをクチャクチャ噛んでいる優香ちゃんの悪が、かわいらしいのです。

**悪は下品なことをすることではありません。**

**常識の外にいるということです。**

いい男は常識の範囲が広いので、普通はしてはいけないことができます。

悪になれない残念な男は罪悪感を持っています。

子どもの時から母親に「してはいけない」と言われたことを、ずっと守り続けているのです。

色気が生まれる習慣

# 46 常識を持って、常識の外に行こう。

# 47

# いい女は、キスを盗まれたい。

キスを盗んでくれるのがいい男です。

女性が自発的にキスをしたいのではありません。

それではあまりにも相手が腰抜けです。

**映画の中のいいキスシーンは、「エッ」と思った時には、もうキスをされています。**

残念な男は、「キスしていい？」と聞きます。

これは、「あなたがいいと言ったでしょう」と、相手に完全に責任転嫁しています。

たとえば、『パリの恋人』で、カメラマンのフレッド・アステアが本屋さんで撮影をしています。

ニューヨークの本屋さんは天井が高くて、上のほうまで本が置いてあります。

上の棚の本は、スライド式の階段をスーッと滑《すべ》らせてとるのです。

オードリー・ヘップバーンがスライド式の階段にスッと上って、フレッド・アステアにさんざん文句を言っていました。

その時、フレッド・アステアがヒュッとその階段をスライドさせて、チュッとキスするのです。

これがオシャレなのです。

なんの説明もありません。

そのあと、ポーッとなって歌うのがオードリー・ヘップバーンです。

これはかわいらしいシーンです。

『おしゃれ泥棒』でも、初対面のオードリー・ヘップバーンをタクシーに乗せる瞬間に、ピーター・オトゥールが「僕は初めて会った人にこんな気持ちになったことがないのに不思議だな」と言ってキスします。

何事もなかったかのように、タクシーの運転手さんに「安全運転でお送りしてね」と見送ります。

これもキスを盗まれています。
タイミングが1拍早いのです。
ジャストタイミングではありません。
**ジャストタイミングの1歩手前のところに、いい女といい男の出会いがあるのです。**
1歩遅れた側に、残念な男と残念な女のつまらない出会いがあります。
「まだ早い」と言うのは、残念な女の言葉です。
それでは、もう遅いのです。
恋愛には、「もう遅い」はあっても、「まだ早い」はありません。
モタモタしている女性は、いい男とつきあえないのです。



## 47

## キスを盗んでくれる男と、つきあおう。

# 48 いい女は、女から力づくでも手に入れる気配が、女の魅力になる。

「力づく」という言葉は、残念な女の世界では男言葉です。

「力づくでも手に入れる」というのは、男が女を手に入れることだと思い込んでいます。

残念な男が残念な女を手に入れる時に「力づく」という言葉があるのです。

いい女の世界では、「力づく」は、女性が男性に使う言葉であって、男性が女性に使うと下品になります。

力づくでも相手を手に入れて押し倒してみせるというぐらいの気配、気合いがその女性の魅力になります。

**「力づくでも」という強引さは、男性ではなく、女性が持っていていいのです。**

ここで、残念な女から「でも、力づくでいく気配を見せた時に引かれませんか」という質問が出ます。

たしかに、やり方がヘタな人は引かれます。

ところが、その気配がないと永遠にチャンスはありません。

力づくの気配を見せれば必ずうまくいくとは限りません。

うまくいくかいかないかは、五分五分です。

ただし、その気配を見せなければ１００％ゼロです。

待っているだけでは、いい女にはなれないのです。

色気が生まれる習慣

# 48

# 自分から力づくでも、手に入れよう。

# 49 いい女は、欲求不満をためていない。

**欲求不満でギラギラしているのは残念な女です。**

**いい女は、顔がスッキリしています。**


「スッキリ」という表現が一番ピッタリです。

「スッキリ」という言葉は、よく男性用語に使われます。

いい女は、いいエッチをしたあとに「スッキリして体が軽い」という感覚があるのです。

女性には冷え性の人が多いです。残念な女は、「いい女は手が冷たい」と冷え性を自慢します。いい男とつきあっている女性は、体が熱くなります。

いい男から熱をもらうのです。

ふだん冷え性でも、びっくりするぐらい熱くなります。

女性は筋肉の量が少ないので、冷え性になりがちです。

筋肉質の女性は体が温かです。

代謝がよく、汗っかきの女性は、食べても食べても太らなくて、体は熱いです。

水を飲んでも太るというタイプの人は、そもそも運動をしていない。間食をしたり、ジャンクフードを食べたり、肌が荒れたり、精神的な波も大きくて、残念な女一直線です。結局、セックスは心と体の健康のためになります。

女性もスッキリしていいのです。モヤモヤをためないことです。

セックスに対しての罪悪感がモヤモヤをためます。

そのモヤモヤ感の欲求不満は顔に出てしまいます。

それによって、だんだんと残念な女顔になっていくのです。

色気が生まれる習慣

# 49 心と体の健康のために、セックスしよう。

# 50 いい女は、性交ではなく、情交する。

「セックス」という単語は、
① 性交
② 情交
という2つに分けられます。
残念な女にとって、セックスはただの性交です。
いい女にとっては、情交です。
そこに感情が入ります。
情交は、性交よりもっと奥が深いのです。
残念な男にとっては、ただの射精です。

「セックス」イコール「性交」と考える人は、「情交」という発想がそもそもありません。

「こんなものでしょう」と淡泊に考えています。

性欲はあるといっても、性交で終わる人は浅いです。

情交するためには、教養が必要です。

教養がないと、情交にまで至りません。

**芸術とは、表現者と鑑賞者が相互の協力によって精神を揺り動かす活動です。情交も同じです。**

セックスをして、肉体的に「スッキリした」で終わるのは残念な女です。

世界が違って見える、生き方が変わる、今までクヨクヨしていたことが、まったくクヨクヨがなくなったという意味で、精神的にワンステップ上がるのが情交です。

情交は、アートな行為なのです。

芸術の定義で大切なことは、表現者のみがする行為ではないということです。

芸術は、表現者と鑑賞者が協力し合うものです。

どんなに素晴らしいピカソの絵があっても、鑑賞する能力がなければピカソの芸術は味わえません。

鑑賞者の教養がないと、芸術は成り立たないのです。

色気が生まれる習慣

## 50

## 性交ではなく、情交をしよう。

# 51

# いい女は、メスにもなれる。オスになれないい男は、つまらない。

いい女は、いい女であると同時に、メスにもなれます。

いい男は、いい男であると同時に、オスにもなれます。

この動物性が、その人の生命力なのです。

生命力のある相手、生命力のある自分になれるかどうかが、いい女になれるかどうかの境目です。

人類は、人間になった時代よりも、動物だった時代のほうがはるかに長いのです。

**教養・品位・知性がありながら、一方で動物的本能もあるということが大切です。**

教養と動物性、どちらも弱くて真ん中に寄っているのは、一番つまらないです。

とてつもなく動物的なところと、とてつもなく教養があるというのが、その人の魅力になっていくのです。

色気が生まれる習慣

# 51

# オスにもなれる男と、つきあおう。

# 第 7 章

# 色気のある男と、<br>つきあおう。

# 52

# 100の言いわけより、1回のセックス。

**恋愛では、言いわけはまったく役に立ちません。**

どんなに説得力があり、理路整然として、裁判で勝てる言いわけでも、恋愛においては1ミリも面白くありません。

いい女は、言いわけをするかわりに、1回キスしたり、1回セックスする相手とつきあいます。

言いわけをすればするほど、妙なロジックで感情が置き去りにされていきます。

ロジックでは、恋愛はできないのです。

「こういう人とつきあうと、こういうメリットがある」と考えていては、ドキドキできません。

恋愛は、ロジックを超えたところにあるので、まずは行動が先です。

そこに感情がついてきます。

**いい男は、ケンカをした時にも抱いてくれます。**

残念な男は、ケンカをしたら、もうしぼんで抱く気がしません。

打開できる方法は、論理を超えたところにあります。

すべての人間は好き嫌いがあります。

考え方も違うので、いくら議論をしても、その先に解決策はありません。

今までのロジックとは違うところへ行かないと、2人の違う考え方を統合する考え方は生まれません。

それを乗り越えられるのが恋愛なのです。

**1足す1が2ではない世界が、恋愛の中にはあるのです。**

色気が生まれる習慣

## 52 言いわけをしないで抱いてくれる男と、つきあおう。

# 53

# いい女は、いい男のセックスの弟子にしてもらう。

いい女は、セックスにおいても師匠と弟子の関係です。
いい男から学びます。
これが、知らない世界を教えてもらうことです。
考え方が変わっていきます。
**セックスを、学べる相手から学ぶのです。**
AVしか知らない男とは、かかわらないことです。
セックスに関しては、バーチャルしか知りません。
それでは、何も知らない子どもと同じです。

色気が生まれる習慣

# 53 彼から、セックスを学ぼう。

情報化社会は、実体験が伴う人と伴わない人とに、くっきり分かれます。

情報化社会になればなるほど、多くの人が恋愛をできなくなります。

残念な女と残念な男は、情報のやりとりをするだけという形の疑似恋愛になっていきます。

いい女といい男は、情感のやりとりをして、デジタルで表記できない世界を味わえます。

目に見えない世界を味わうことができるのです。

# 54

# 起きたまま、夢を見る。

残念な女は、「ここまでは現実、ここからは夢」と、くっきり境目があります。

現実と夢とが不連続なのです。

**いい女は、現実と夢が地続きの連続体です。**

2つがオーバーラップしているので、「今これは夢なのか、現実なのか」ということを突き詰めません。

残念な女は、現実と夢との区切りをつけるので、現実がどんどん夢を侵食していきます。

夢の世界なのに、現実を引きずるのです。

たとえば、リゾートに行きました。

デッキチェアを借りようとしたら、有料でした。

そこで「高いんじゃない？」と思う人は、現実を引きずっています。

リゾート地では、お金のことは忘れたほうがいいです。

「エッ、デッキチェアが１５００円なの？　なんでこんなものが」と思わないことです。

あるリゾート地で、デッキチェアが無料のエリアがありました。

無料エリアは、デッキチェアの取り合いです。

朝一番にデッキチェアにTシャツを着せて確保します。

場所の確保は、夜はできません。

かわいそうなことに、「あんた、行ってきなさい」と言われた男性が、朝、デッキチェアにTシャツを着せに行きます。

部屋の窓から見ると、デッキチェアが全部Tシャツを着ているのです。

リゾートとは思えない光景です。

ふだん、仕事をしている時は節約していいのです。

いい女は、仕事とプライベートをきっちりと分けます。
リゾートに行っている時に、現実を引きずり込まないのです。
コーヒーが１２００円でも、「コンビニなら１００円なのに」という話はしません。
現実と夢の境目をくっきりつけている人は、夢の中へ現実を常に引きずり込みます。
これでは、夢が楽しくなくなります。
最終的には、夢が消滅していくのです。
限りなく１００％現実に侵されていきます。
**夢と現実の境目をなくすことで、全部が夢になるのです。**

色気が生まれる習慣

## 54

## 夢と現実の区別のない男と、つきあおう。

# 55

# いい女は、セックスを予感させる男とつきあう。

**いい女は、「この人とセックスしたらどんなだろう」と知らないうちに想像している男とつきあいます。**


残念な女は、「この人とできるかしら」と考えて、つきあうかどうかを判断します。

「ガマンしたらできないこともない」「電気を消して、目をつぶっていたらできるかも」という判断では、つまらないセックスになります。

これはスペック型の恋愛です。

高スペックの男性とつきあっても、セックスが想像できなければ、その恋愛はつまらないのです。

きれいな女性でも、キスやセックスが想像できない人がいます。

たとえば、どんなにかわいい子どもでも、子どもにはその感情は湧きません。
その感情が湧いたら、ロリコンです。
子どもと同じように、キスやセックスを予感させる気配のない女性がいるのです。
**セックスを予感させるものは、スペックの外側にあります。**
これを「色気」と言います。
色気は、言葉では表現できません。
俳優は、色気で勝負するので、色気に敏感です。
どうすれば色気を出せるかということを常に考えているのです。

色気が生まれる習慣

## 55 セックスを予感させる男と、つきあおう。

# 56 快楽をごまかして生きている男に、魅力はない。

快楽をごまかしているのは、残念な男です。

そういう男に興味を持たない、かかわらないのがいい女です。

道徳の世界では、快楽は悪です。

「快楽はガマンしなさい」

「そんなことをしているヒマがあったら勉強しなさい」

「そんなことをしているヒマがあったら仕事をしなさい」

と言われます。

結局、そこで快楽をごまかすと、仕事でも快楽を感じることができなくなってきます。

## いい男の頭の中では、仕事に没頭していることとセックスに没頭していることの区別がありません。

今没頭していることのジャンル分けがないのです。

最近よく言われる「マルチクリエイター」という表現は、おかしいです。

クリエイターは、モノをつくる表現者なので、そもそもノンジャンルです。

いろいろなことをしてもいいし、1つのことを突き詰めてもいいのです。

「1つしかしない人」「いろいろなことをしている人」という分け方が、すでにクリエイティブな表現ではありません。

セックスも恋愛もクリエイティブなことなので、そこにはジャンルはありません。

一番大切なことは、快楽をごまかさないことです。

「快楽に浸ったら人生がダメになるんじゃないか」という心配はいりません。

恋愛にのめり込むことができる人は、仕事にものめり込むことができるので、その人の生産性は上がります。

恋愛に夢中になって仕事がおろそかになる人は、恋愛中にも時々仕事のことを考えているのです。

一方で、仕事をしている時に恋愛のことをチョコチョコ考えたりしているのです。

現実と夢の境目をくっきりつけると、お互いが侵食し合うのと同じです。

仕事をしている時に恋愛のことを考えたり、恋愛の時に仕事のことを考えるようになって、生産性が下がるから、仕事がダメになるのです。

恋愛がいけないわけではないのです。

色気が生まれる習慣

## 56 快楽をごまかさない。

# 57 色が、英雄を好む。

「英雄色を好む」は、英雄がモテることから生まれた言葉です。

「英雄はいい女とばかりつきあっているから、英雄はいい女好き」という意味です。

本当は違うのです。

いい女が、英雄を好きなのです。

**「英雄」とは、「リスクを背負って生きている男」です。**

肩書や年収は関係ありません。

あらゆるリスクを背負ってチャレンジしている男が「英雄」なのです。

成功することもあれば、時には失敗することもあります。

全身傷だらけです。

色気が生まれる習慣

# 57 英雄とつきあおう。

全身無傷のツルンとした男は、英雄ではありません。

「あの人は英雄だし、やめとく」と言うのは、残念な女です。

そういう人は、英雄でない普通の人と、「安全第一」と書いてあるヘルメットをかぶって恋愛すればいいのです。

恋愛には命綱がありません。

だからこそ集中するのです。

「安全第一」と書いてあるところは、一番事故が起こるのです。

# 58 食事もセックスも何度でも軽々とできる男とつきあう。

**いい女といい男は、食事もセックスも何回でもできます。**

健啖家《けんたんか》で、毎食2回、朝・朝・昼・昼・夜・夜でもごはんを食べられます。

そういう生き方をしている人は、セックスも何回でもできます。

ごはんを食べる回数に関しては、さすがに厚労省も「ごはんを食べすぎだ」とは言えません。

ごはんの回数に、国の指示は入らないということです。

「ごはんは1回まで」「セックスは1回まで」「○○は△△まで」という条件や制約は、いっさい必要ありません。

いい男は、何回でも食べほうだい、何回でもしほうだいというぐらいの突き抜けた胃袋を持っています。
これが「生きる胃袋」です。
好き嫌いを言わずに、なんでも飲み込むことが大切なのです。

色気が生まれる習慣

## 58 生きる胃袋の大きい男と、つきあおう。

# 59

# 電気をつけたまましたいくらいのいい男とセックスをする。

**いい女は、ビジュアルにこだわります。**


残念な女は、最初から「私、カッコいい人は嫌いなんです」と公言します。

これは予防線です。

カッコいい男は競合が多いです。

競合が多いと負ける可能性があります。

そのため、最初からカッコいい人を切り捨てておこうと考えるのです。

本来は、カッコよかろうが悪かろうが関係ないというのが普通です。

最初から「カッコいい」をはずす時点で、相当にカッコいい人を意識しているということです。

本当はカッコいい人が好きなのに、カッコいい人は競争が多いからはずしているだけです。

競争が少ないところに行ったほうが安全と考えるからです。

ところが、そんな男に限って浮気されて、ヘンな競争があったりします。

その結果、「競争がないからあなたを選んだのに、あなたは何をしているんですか」という阿鼻叫喚地獄絵図が展開されることになるのです。

色気が生まれる習慣

# 59

# ビジュアルにこだわろう。

# 60 別れ際のキスを、セックスと同じくらい大切にする。

いい女は、別れ際のキスを大切にできる男とつきあいます。

「じゃあ、またね」という別れ際に、どれだけ優しいか。

別れ際に愛情のこもった密度を感じることができるかで、いい女と残念な女、いい男と残念な男の差が一番つきます。

残念な女は、別れ際に「エー、もう帰るの」というモタモタ感があります。

残念な男は、別れ際にそそくさします。

このドンくさい組み合わせが、残念な女と残念な男です。

いい男は、あと5分で新幹線が来るという時でも、改札で別れるのではなく、入場券を買ってホームまでちゃんと送ります。

しかも、ホームのジューススタンドで生ジュースも買ってくれます。

改札でバイバイと言うより、「のぞみ」が発車して少しずつ動いていく時のバイバイは心にグッと来ます。

この別れ際のシーンを大切にできるのが、いい男です。

「5分しかないので、じゃあ」と、改札で別れるのは、残念な男です。

この5分間を、残り1秒まで、映画のラストシーンのように、どう生かせるかが勝負です。

**次に会うまでの別れ際の時間を密度濃く味わい、共有できる男とつきあえばいいのです。**

色気が生まれる習慣

## 60

## キスを大切にする男と、つきあおう。

# 61

# いい女は、接触願望を満たしてくれる男とつきあう。

**いい女は、いい男の触《さわ》り方がうまいです。**

いい男に、イヤらしくなく触れます。

残念な男は、残念な女の体を残念な触り方で触っています。

いい女は、いい男の体にさりげなく触れます。

これがうまくできることが大切です。

私は、ミス・インターナショナルの世界大会で審査員をしています。

アフターパーティーの会場へ行くために、エレベーターの列に並びながら、コシノジュンコさんと服部幸應《はっとりゆきお》先生と一緒に、ミス・ベネズエラで２０１５年に世界1位になったエディマーと話していました。

並んで歩いている時に、エディマーが私の肩に手をかけてきました。

このさりげなさがうまいのです。

21歳とは思えない品位があります。

男性が女性の肩に手をかけることはよくあります。

いい女は、自分が男性の肩に手をかけるのです。

そこで男としてためされるのは、肩に手をかけられた時にビクッとなって離れるかどうかです。残念な男は、ビクッとして離れてしまいます。

いい男は女性に近寄って、肩に手をかけている姿勢がしんどくないように、自分がその手を支えてあげられる位置にスッと入り込めます。

いい女になるためには、触りたくなるような男とつきあえばいいのです。

色気が生まれる習慣

## 61 イヤらしくなく、触れる男とつきあおう。

# 62

# 触らない前戯が、最高の快感だ。

触らないことも前戯になります。

前戯というと、触ることばかり考えますが、あらゆることが前戯になるのです。

究極の前戯は勉強です。

**勉強して、新しいことを教わったり、今まで思いもよらなかったことを考えている時が最高の前戯です。**

勉強すると、頭の中が集中するからです。

勉強している人ほど性欲は高まります。

頭の中が現実から引き離されるということです。

現実を引きずると、勉強はできません。

色気が生まれる習慣

# 62 触らない前戯をしよう。

勉強するためには、現実とは真逆なところへ行けばいいのです。

ネット検索をしている時は、ひたすら現実の世界にいます。

本は、現実からかけ離れた宇宙へ頭の中がぶっ飛んでしまいます。

カーレーサーやボクシングの選手が、ギリギリまで命を賭けている勝負のあとに性欲が高まるのと同じ世界が勉強にもあるのです。

勉強という行為は、まったくエッチな行為ではないのに、恋愛とセットになった時に、きわめて高度な前戯になりえます。

松井須磨子と島村抱月《ほうげつ》のように、女優と演出家という組み合わせがあるのは、女優が演出家に仕込まれて勉強したあと、それが反転して愛になったからなのです。

エピローグ

# 63 たった1人の男に、死ぬほどみだらでいる幸せ。

残念な女は、「みだら」と「ふしだら」の区別がついていません。

誰とでもつきあえる人は、「ふしだら」です。

**たった1人に「みだら」になるのが、いい女です。**

**たった1人に「みだら」になれないのは、残念な女です。**

「好きな人にみだらになったら、それはふしだらな女じゃないですか」と言う人は、「ふしだら」の定義を間違えています。

「この人の前なら、思いきりみだらになれる」という人とつきあえばいいのです。

「この人にみだらなことをしたら、愛想をつかされそうで怖いからできないんです」と言う人は、相手のことを信頼していません。

「どんなにみだらになっても、この人は受けとめてくれる。私のことを嫌いにならない。離れていかない。みだらな私も全部受けとめてくれるから、もっとみだらを極めよう」と考えるのは、ふしだらではありません。

「みだらレベルでは低いけれども、多くの人に分散する」というのは最低なことです。

自分が10のみだらを持っている時に、10人に1つずつ、5人に2つずつと分散するのではありません。

全力の10を1人に集中して、さらに20に増やしていくのが、いい女の生き方なのです。

色気が生まれる習慣

# 63

## たった1人にみだらになろう。

『輝く女性に贈る　中谷彰宏の魔法の言葉』
**（主婦の友社）**
『「ひと言」力。』**（パブラボ）**
『一流の男　一流の風格』**（日本実業出版社）**
『変える力。』**（世界文化社）**
『なぜあの人は感情の整理がうまいのか』
**（中経出版）**
『人は誰でも講師になれる』
**（日本経済新聞出版社）**
『会社で自由に生きる法』
**（日本経済新聞出版社）**
『全力で、1ミリ進もう。』**（文芸社文庫）**
『「気がきくね」と言われる人のシンプルな法則』**（総合法令出版）**
『なぜあの人は強いのか』**（講談社＋α文庫）**
『3分で幸せになる「小さな魔法」』
**（マキノ出版）**
『大人になってからもう一度受けたいコミュニケーションの授業』
**（アクセス・パブリッシング）**
『運とチャンスは「アウェイ」にある』
**（ファーストプレス）**
『大人の教科書』**（きこ書房）**
『モテるオヤジの作法2』**（ぜんにち出版）**
『かわいげのある女』**（ぜんにち出版）**
『壁に当たるのは気モチイイ人生もエッチも』**（サンクチュアリ出版）**
『ハートフルセックス』［新書］
**（KKロングセラーズ）**
書画集『会う人みんな神さま』**（DHC）**
ポストカード『会う人みんな神さま』
**（DHC）**

## ［面接の達人］**（ダイヤモンド社）**

『面接の達人　バイブル版』

『14歳からの人生哲学』
『受験生すぐにできる50のこと』
『高校受験すぐにできる40のこと』
『ほんのささいなことに、恋の幸せがある。』
『高校時代にしておく50のこと』
『中学時代にしておく50のこと』

**【PHP文庫】**
『もう一度会いたくなる人の話し方』
『お金持ちは、お札の向きがそろっている。』
『たった3分で愛される人になる』
『自分で考える人が成功する』
『大学時代しなければならない50のこと』

**【だいわ文庫】**
『いい女の話し方』
『「つらいな」と思ったとき読む本』
『27歳からのいい女養成講座』
『なぜか「HAPPY」な女性の習慣』
『なぜか「美人」に見える女性の習慣』
『いい女の教科書』
『いい女恋愛塾』
『やさしいだけの男と、別れよう。』
『「女を楽しませる」ことが男の最高の仕事。』
『いい女練習帳』
『男は女で修行する。』

**【学研プラス】**
『美人力』(ハンディ版)
『嫌いな自分は、捨てなくていい。』
『美人力』

**【阪急コミュニケーションズ】**
『いい男をつかまえる恋愛会話力』
『サクセス＆ハッピーになる50の方法』

**【あさ出版】**
『「いつまでもクヨクヨしたくない」とき読む本』
『「イライラしてるな」と思ったとき読む本』

**【きずな出版】**
『いい女は「紳士」とつきあう。』
『いい女は「言いなりになりたい男」とつきあう。』
『いい女は「変身させてくれる男」とつきあう。』
『ファーストクラスに乗る人の自己投資』
『ファーストクラスに乗る人の発想』
『ファーストクラスに乗る人の人間関係』
『ファーストクラスに乗る人の人脈』
『ファーストクラスに乗る人のお金2』
『ファーストクラスに乗る人の仕事』
『ファーストクラスに乗る人の教育』
『ファーストクラスに乗る人の勉強』
『ファーストクラスに乗る人のお金』
『ファーストクラスに乗る人のノート』
『ギリギリセーーフ』

**【ぱる出版】**
『選ばれる人、選ばれない人』
『一流のウソは、人を幸せにする。』
『セクシーな男、男前な女。』
『運のある人、運のない人』
『器の大きい人、小さい人』
『品のある人、品のない人』

**【リベラル社】**
『一流の話し方』
『一流のお金の生み出し方』
『一流の思考の作り方』
『一流の時間の使い方』

**【秀和システム】**
『楽しく食べる人は、一流になる。』
『一流の人は、〇〇しない。』
『ホテルで朝食を食べる人は、うまくいく。』
『なぜいい女は「大人の男」とつきあうのか。』
『服を変えると、人生が変わる。』

**【水王舎】**
『「人脈」を「お金」にかえる勉強』
『「学び」を「お金」にかえる勉強』

『凛とした女性がしている63のこと』
**(日本実業出版社)**
『一流の人のさりげない気づかい』
**(KKベストセラーズ)**
『なぜあの人は40代からモテるのか』
**(主婦の友社)**
『輝く女性に贈る　中谷彰宏の運がよくなる言葉』**(主婦の友社)**
『名前を聞く前に、キスをしよう。』
**(ミライカナイブックス)**
『ほめた自分がハッピーになる「止まらなくなる、ほめ力」』**(パブラボ)**
『なぜかモテる人がしている42のこと』
**(イースト・プレス　文庫ぎんが堂)**
『一流の人が言わない50のこと』
**(日本実業出版社)**

【オータパブリケイションズ】
『せつないサービスを、胸きゅんサービスに変える』
『レストラン王になろう2』
『改革王になろう』
『サービス王になろう2』
『サービス刑事』

【あさ出版】
『気まずくならない雑談力』
『人を動かす伝え方』
『なぜあの人は会話がつづくのか』

【学研プラス】
『チャンスをつかむプレゼン塾』
文庫『怒らない人は、うまくいく。』
『迷わない人は、うまくいく。』
文庫『すぐやる人は、うまくいく。』
『シンプルな人は、うまくいく。』
『見た目を磨く人は、うまくいく。』
『決断できる人は、うまくいく。』
『会話力のある人は、うまくいく。』
『片づけられる人は、うまくいく。』
『怒らない人は、うまくいく。』
『ブレない人は、うまくいく。』
『かわいがられる人は、うまくいく。』
『すぐやる人は、うまくいく。』

【リベラル社】
『問題解決のコツ』
『リーダーの技術』

『歩くスピードをあげると、頭の回転は早くなる。』**（大和出版）**
『結果を出す人の話し方』**（水王舎）**
『一流のナンバー2』**（毎日新聞出版社）**
『なぜ、あの人は「本番」に強いのか』**（ぱる出版）**
『「お金持ち」の時間術』**（二見書房・二見レインボー文庫）**
『仕事は、最高に楽しい。』**（第三文明社）**
『「反射力」早く失敗してうまくいく人の習慣』**（日本経済新聞出版社）**
『伝説のホストに学ぶ82の成功法則』**（総合法令出版）**
『リーダーの条件』**（ぜんにち出版）**
『成功する人の一見、運に見える小さな工夫』**（ゴマブックス）**
『転職先はわたしの会社』**（サンクチュアリ出版）**
『あと「ひとこと」の英会話』**（DHC）**

## ［恋愛論・人生論］

【ダイヤモンド社】
『なぜあの人は感情的にならないのか』
『なぜあの人は逆境に強いのか』
『25歳までにしなければならない59のこと』
『大人のマナー』
『あなたが「あなた」を超えるとき』
『中谷彰宏金言集』
『「キレない力」を作る50の方法』
『お金は、後からついてくる。』
『中谷彰宏名言集』
『30代で出会わなければならない50人』
『20代で出会わなければならない50人』
『あせらず、止まらず、退かず。』
『明日がワクワクする50の方法』
『なぜあの人は10歳若く見えるのか』
『成功体質になる50の方法』
『運のいい人に好かれる50の方法』
『本番力を高める57の方法』
『運が開ける勉強法』
『ラスト3分に強くなる50の方法』
『答えは、自分の中にある。』
『思い出した夢は、実現する。』
『習い事で生まれ変わる42の方法』
『面白くなければカッコよくない』
『たった一言で生まれ変わる』
『スピード自己実現』
『スピード開運術』
『20代自分らしく生きる45の方法』
『受験の達人2000』
『大人になる前にしなければならない50のこと』
『会社で教えてくれない50のこと』
『大学時代しなければならない50のこと』
『あなたに起こることはすべて正しい』

【PHP研究所】
『メンタルが強くなる60のルーティン』
『なぜランチタイムに本を読む人は、成功するのか。』
『なぜあの人は余裕があるのか。』
『中学時代にガンバれる40の言葉』
『叱られる勇気』
『中学時代がハッピーになる30のこと』
『頑張ってもうまくいかなかった夜に読む本』

## 中谷彰宏　主な作品一覧

［ビジネス］

**【ダイヤモンド社】**

『50代でしなければならない55のこと』
『なぜあの人の話は楽しいのか』
『なぜあの人はすぐやるのか』
『なぜあの人の話に納得してしまうのか[新版]』
『なぜあの人は勉強が続くのか』
『なぜあの人は仕事ができるのか』
『なぜあの人は整理がうまいのか』
『なぜあの人はいつもやる気があるのか』
『なぜあのリーダーに人はついていくのか』
『なぜあの人は人前で話すのがうまいのか』
『プラス1％の企画力』
『こんな上司に叱られたい。』
『フォローの達人』
『女性に尊敬されるリーダーが、成功する。』
『就活時代しなければならない50のこと』
『お客様を育てるサービス』
『あの人の下なら、「やる気」が出る。』
『なくてはならない人になる』
『人のために何ができるか』
『キャパのある人が、成功する。』
『時間をプレゼントする人が、成功する。』
『ターニングポイントに立つ君に』
『空気を読める人が、成功する。』
『整理力を高める50の方法』
『迷いを断ち切る50の方法』
『初対面で好かれる60の話し方』
『運が開ける接客術』
『バランス力のある人が、成功する。』
『逆転力を高める50の方法』
『最初の3年その他大勢から抜け出す
　50の方法』
『ドタン場に強くなる50の方法』
『アイデアが止まらなくなる50の方法』
『メンタル力で逆転する50の方法』
『自分力を高めるヒント』
『なぜあの人はストレスに強いのか』
『スピード問題解決』
『スピード危機管理』
『一流の勉強術』
『スピード意識改革』
『お客様のファンになろう』
『大人のスピード時間術』
『なぜあの人は問題解決がうまいのか』
『しびれるサービス』
『大人のスピード説得術』
『お客様に学ぶサービス勉強法』
『大人のスピード仕事術』
『スピード人脈術』
『スピードサービス』
『スピード成功の方程式』
『スピードリーダーシップ』
『大人のスピード勉強法』
『一日に24時間もあるじゃないか』
『出会いにひとつのムダもない』
『お客様がお客様を連れて来る』
『お客様にしなければならない50のこと』
『30代でしなければならない50のこと』
『20代でしなければならない50のこと』
『なぜあの人の話に納得してしまうのか』
『なぜあの人は気がきくのか』
『なぜあの人はお客さんに好かれるのか』
『なぜあの人は時間を創り出せるのか』
『なぜあの人は運が強いのか』
『なぜあの人にまた会いたくなるのか』
『なぜあの人はプレッシャーに強いのか』

**【ファーストプレス】**

『「超一流」の会話術』
『「超一流」の分析力』
『「超一流」の構想術』
『「超一流」の整理術』
『「超一流」の時間術』
『「超一流」の行動術』
『「超一流」の勉強法』
『「超一流」の仕事術』

**【PHP研究所】**

『[図解]お金も幸せも手に入れる本』
『もう一度会いたくなる人の聞く力』
『もう一度会いたくなる人の話し方』
『[図解]仕事ができる人の時間の使い方』
『仕事の極め方』
『[図解]「できる人」のスピード整理術』
『[図解]「できる人」の時間活用ノート』

**【PHP文庫】**

『中谷彰宏　仕事を熱くする言葉』
『入社3年目までに勝負がつく77の法則』

## 著者紹介

**中谷彰宏**（なかたに・あきひろ）

1959年、大阪府生まれ。早稲田大学第一文学部演劇科卒業。84年、博報堂に入社。ＣＭプランナーとして、テレビ、ラジオＣＭの企画、演出をする。91年、独立し、株式会社中谷彰宏事務所を設立。ビジネス書から恋愛エッセイ、小説まで、多岐にわたるジャンルで、数多くのロングセラー、ベストセラーを送り出す。「中谷塾」を主宰し、全国で講演・ワークショップ活動を行っている。

■公式サイト　http://www.an-web.com/


本の感想など、どんなことでも、
あなたからのお手紙をお待ちしています。
僕は、本気で読みます。　　　　中谷彰宏


〒162-0816　東京都新宿区白銀町1-13
きずな出版気付　中谷彰宏行

※食品、現金、切手などの同封は、ご遠慮ください（編集部）

---

視覚障害その他の理由で、活字のままでこの本を利用できない人のために、営利を目的とする場合を除き、「録音図書」「点字図書」「拡大写本」等の製作をすることを認めます。その際は、著作権者、または出版社までご連絡ください。

EYE LOVE EYE

中谷彰宏は、盲導犬育成事業に賛同し、この本の印税の一部を（財）日本盲導犬協会に寄付しています。

いい女は「涙を背に流し、微笑みを抱く男」とつきあう。
――色気が生まれる63の習慣

2017年3月1日　第1刷発行

著　者　中谷彰宏

発行者　櫻井秀勲
発行所　きずな出版
東京都新宿区白銀町1-13　〒162-0816
電話03-3260-0391　振替00160-2-633551
http://www.kizuna-pub.jp/

装　幀　福田和雄（FUKUDA DESIGN）
装　画　加藤木麻莉
編集協力　ウーマンウエーブ
印刷・製本　モリモト印刷


ISBN978-4-907072-90-2

きずな出版

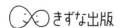